TRABAJAR EN CASA Y MARKETING DIGITAL PARA MAYORES - TRABAJAR DESDE EL HOGAR IDEAS PARA MAYORES

C.X. Cruz

Tabla de contenido

Introducción

A medida que se jubilan más y más Baby Boomers, muchos de ellos se enfrentan a una cuestión clave. Muchos boomers han guardado suficiente dinero en efectivo para mantenerlos cómodamente durante sus años dorados. Muchos han invertido en planes 401k. Otros tienen paquetes IRA muy robustos.

Desafortunadamente, hay una gran cantidad de personas de la tercera edad que tienen pensiones insuficientemente financiadas. Muchos de ellos simplemente dependen de la seguridad social. Otros pueden tener pensiones privadas que realmente no pagan tan bien.

Como era de esperar, un porcentaje significativo de los baby boomers que ahora se jubilan solo eligen semi-jubilarse. Todavía trabajan más de 20 horas cada semana para complementar esencialmente los fondos de pensiones que reciben del gobierno o de fuentes privadas.

Por otro lado, hay muchas personas mayores que simplemente tienen mucho tiempo libre. No necesitan dinero porque están bien atendidos por sus planes de jubilación. Ese no es el problema con ellos.

La cuestión es ¿qué hacen con su tiempo? Independientemente del grupo al que pertenezca, si es una persona de la tercera edad, definitivamente debería buscar trabajar desde casa usando Internet. Hay muchos trabajos disponibles desde casa y la clave es aprovechar estas oportunidades para maximizar su potencial personal.

Puede que no necesite el dinero, pero definitivamente puede usar el compromiso. ¿No le gustaría trabajar en algo que involucre su sentido de curiosidad, aventura y posibilidad? ¿No sería fantástico trabajar en algo que produzca dinero y, al mismo tiempo, te impulse a ser tan creativo e imaginativo como antes?

Si respondió SÍ a cualquiera de las preguntas anteriores, obtener un ingreso en línea puede ser la respuesta que está buscando.

¿Por qué debería trabajar desde casa?

Sé que esto parece una pregunta muy básica. Pero no podemos asumir que ya conocemos la respuesta. Es mucho mejor no asumir nada para no pasar por alto nada. Ésta es una pregunta básica muy importante. ¿Por qué debería trabajar desde casa? ¿Qué tipo de beneficios obtendría trabajando de forma remota?

Conveniencia

Cuando trabajas desde casa, no tienes que ponerte la ropa de trabajo, no tienes que ir del punto A al punto B, no tienes que preocuparte por el tráfico, no tienes que hacerlo. presupuesto para el almuerzo, no tiene que lidiar con la política de la oficina. Simplemente está trabajando en un entorno que puede controlar.

Después de todo, trabaja desde la comodidad de su hogar. Además, se ahorra una enorme cantidad de dinero en los desplazamientos, el almuerzo y todo tipo de molestias diarias que la rutina diaria trae a la mesa.

Existe la fuga de cerebros de las personas mayores. Si usted es un baby boom y ha estado trabajando con su cerebro todos estos años, cuando se jubile, de repente, toda esa actividad cerebral se derrumbará.

Quizás fuiste alta gerencia en tu carrera. La gente acudiría a ti para todo tipo de decisiones difíciles. Quizás procesarías muchos datos. Quizás fue médico o abogado durante su carrera anterior.

Estos involucraron mucha lectura, análisis y decisiones difíciles. Bueno, cuando te jubilas, es muy fácil que tu cerebro se convierta en una papilla porque te encuentras leyendo revistas, viendo videos de YouTube y esencialmente dando un pase a tu cerebro.

Bueno, cuando trabajas para otros desde la comodidad y seguridad de tu hogar, puedes ejercitar tu cerebro. Tal vez no tenga la misma intensidad intelectual que antes, pero al menos le estás dando a tu cerebro algo que hacer.

Te pones en una situación en la que puedes seguir siendo intelectualmente productivo y mentalmente agudo. La mejor parte de todo esto es que su cerebro mejora o al menos mantiene sus funciones cuando aprende algo nuevo.

Entonces, si está trabajando desde casa y se ha diversificado en un área nueva que está fuera de sus competencias básicas, puede apostar a que definitivamente le está dando a su cerebro un entrenamiento muy necesario.

Dependiendo de qué tan bien se haya configurado su jubilación, es posible que el dinero ni siquiera sea una consideración para usted. Por otro lado, si no ha ahorrado mucho para la jubilación, el dinero es un gran problema.

Independientemente de lo importante que sea el dinero para usted, comprenda que trabajar desde casa puede ser lucrativo.

Las técnicas que le voy a enseñar en este libro lo guiarán a través de muchas formas diferentes de ganar dinero en Internet, así como a través de soluciones híbridas que hacen plataformas en línea y fuera de línea.

El resultado final depende de lo duro que trabajes, del tipo de sistema que construyas y de cómo inviertas tu tiempo y cómo se forme tu reputación, puedes ganar bastante dinero.

De hecho, muchos jubilados ganan fácilmente 6 cifras simplemente trabajando desde casa. Ahora, eso puede no ser un gran problema para usted porque si tuvo un éxito especial en su carrera, 6 cifras son papas pequeñas. Pero en muchos casos, las personas mayores que trabajan desde casa y obtienen tanto dinero en realidad invierten muy poco tiempo.

También tenga en cuenta la cantidad de tiempo, el enfoque y la planificación que se utilizaron para generar ingresos.

Obtienes flexibilidad

Lo mejor de trabajar desde casa es que obtienes flexibilidad. Personalmente, me encanta esto. Tengo un niño pequeño y es realmente un placer verlo crecer. Lo mejor de convertirse en padre es que puede revivir su infancia a través de los ojos de su hijo.

Cualquier problema que haya tenido con sus padres o cualquier recelo que haya tenido sobre su propia infancia, tiene la oportunidad de solucionarlo con la vida de su hijo. No es de extrañar que a los padres les encanta decir que les dan a sus hijos las oportunidades que ellos mismos no tuvieron.

Esto no solo implica dinero o la capacidad de comprar ciertas cosas. Esto también implica nutrición, sustento y cultivo emocional e intelectual.

Además, puedes disfrutar de un buen equilibrio entre el trabajo y la vida cuando trabajas desde casa.

Tu trabajo gira en torno a tu horario. No de la otra manera. Esta flexibilidad le permite disfrutar más de lo que la vida tiene para ofrecer.

Trabajar desde casa te da sentido

Al final del día, lo que realmente hace que la vida valga la pena no es la cantidad de dinero que tenemos en el banco. No es la cantidad de respeto que recibimos de los demás o el estatus social que logramos alcanzar. Va más allá de eso.

Una vida que vale la pena vivir realmente se reduce a si crees que tu vida tiene un propósito. ¿Cuál es el punto de tener mucho por qué vivir cuando no tienes nada de qué vivir? Se trata de un propósito o un sentido de significado.

Cuando trabajas en tus propios términos desde casa, obtienes ese sentido de propósito. Te recompensan por ser curioso. Te recompensan por romper las cosas y volver a armarlas y unir las cosas y conectar los puntos.

En última instancia, te pagan por aprender y es realmente hermoso ver a personas mayores a las que entreno profesionalmente para la generación de ingresos en línea recuperar esa chispa de significado y propósito. Por favor, comprenda que durante su carrera anterior, es muy fácil definirse a sí mismo en función de su trabajo o su título. Pero cuando trabajas desde casa, te defines en función de las posibilidades de las cosas que puedes hacer y cada vez que produces algo, alcanzas un nuevo nivel y exploras territorio. Esa es una hermosa delgada porque estás celebrando tu crecimiento como ser humano en muchos niveles diferentes.

Tenga en cuenta los beneficios anteriores si todavía está indeciso acerca de trabajar desde casa. Por favor, comprenda que las personas mayores que trabajan desde casa no solo se benefician económicamente al hacerlo. Pueden ganar mucho más.

Obtenga un trabajo en línea como asistente virtual

En los Estados Unidos y en otros lugares, hay un gran número de empresas que están descubriendo el poder de una fuerza de trabajo distribuida. Ahora, muchas de estas empresas son nuevas empresas que tienen un negocio puramente en línea.

Tal vez tengan tiendas en línea o ofrezcan algún tipo de servicio de software disponible a través de la web. Sin embargo, curiosamente, un número cada vez mayor de empresas fuera de línea también están recurriendo a Internet en busca de servicios de asistentes virtuales especializados que les ayuden a encontrar nuevos clientes y a ocuparse de los servicios digitales.
papeleo o realizar algún trabajo logístico como gestionar citas, buscar clientes y tareas similares.

En consecuencia, existe una fuerte demanda de asistencia virtual. Las personas mayores pueden aprovechar esta creciente demanda. Esto es especialmente cierto en el caso de las personas que han trabajado antes en una oficina. Tal vez fue un administrador o tal vez ayudó a ejecutivos o simplemente conoce el entorno de una oficina.

Los asistentes virtuales generalmente solo se encargan de las tareas administrativas. Esto incluye responder correos electrónicos, programar citas, visitar sitios web de viajes y comprar boletos para ejecutivos, así como organizar todo tipo de arreglos de viaje.

En términos de rasgos de carácter, debes poder trabajar bajo presión. La presión normalmente viene en forma de fecha límite. También debe tener habilidades sólidas de pensamiento crítico y debe ser un emprendedor.

Esto significa que no necesita que nadie mire por encima del hombro. Su jefe no tiene que sacudir su jaula para que pueda motivarse para trabajar. Como mínimo, debe poder entregar lo que se espera de usted en el momento previsto.

Finalmente, debes tener sólidas habilidades de comunicación en inglés. Esto no se puede enfatizar lo suficiente. Tiene que escribir y documentar lo que hizo por su empleador. Ahora, muchas veces, esto lo soluciona el software de gestión de proyectos.

Se le asigna una serie de tareas y simplemente conecta lo que hizo y a qué hora y ya está. Bueno, todo depende de la configuración. Algunos arreglos de asistentes virtuales son más informales que otros, mientras que otros requieren un software de seguimiento especializado.

De hecho, algunos trabajos de asistente virtual tienen un software de "verificación de estado" instalado en su computadora. Esto le permite a su empleador (con su permiso legal total) revisar su pantalla en cualquier momento dentro del período de tiempo que acordó trabajar.

Esto les permitirá saber si está jugando al póquer en línea o jugando en línea o si realmente está haciendo el trabajo que le pagan.

Lo que sugeriría es que intente obtener un proyecto de asistente virtual que pague en función del resultado en lugar del tiempo. El problema de trabajar en función del tiempo es que se siente como si estuvieras trabajando en una oficina. Seguro, trabaja desde la comodidad y conveniencia de su hogar. Pero su tiempo está severamente restringido.

Esto empeora cuando su jefe puede verificar su estado revisando su pantalla. Al cambiar a un arreglo basado en resultados, su jefe le pagará por los resultados. Los resultados son bastante sencillos en una disposición típica de asistente virtual.

O estableciste la cita, buscaste a los clientes e hiciste contacto o no lo hiciste. O reservó boletos o no. Estas situaciones se pueden documentar fácilmente. De esta manera, no tiene que vigilar constantemente por encima del hombro y preocuparse por algún tipo de vigilancia virtual por parte de su empleador.

Solo necesita enviarles los informes correctos en el momento adecuado. Pueden verificarlos, pueden verificarlos dos veces, y una vez que todo se verifique, puede pasar a la siguiente tarea. Por supuesto, esto no siempre es posible. Así que asegúrese de mirar los detalles del proyecto antes de registrarse para un trabajo de asistente virtual.

Estos detalles varían de un empleador a otro.

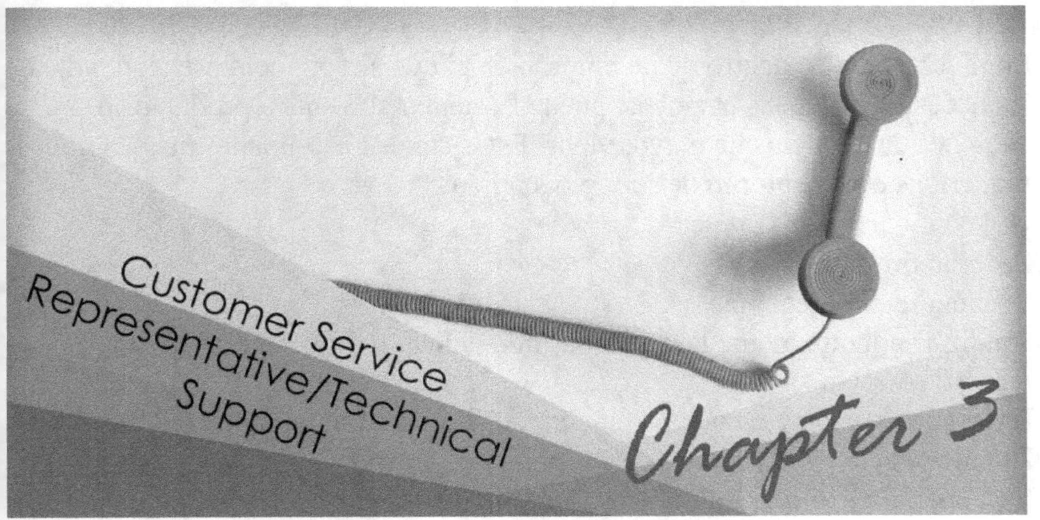

Representante de servicio al cliente / Soporte técnico

Si bien una gran parte del trabajo de RSE se trasladó al extranjero, todavía hay espacio para que las personas mayores en los Estados Unidos se conviertan en trabajadores de RSE o de centros de llamadas. La clave aquí es la especialización. Lo mejor de las ventas entrantes que requieren conocimientos especializados es que las personas llaman con respecto a un producto o inquietud en particular y puede ampliar fácilmente la interacción para que terminen comprando algo más valioso de lo que pensaban originalmente.

En muchos casos, terminan comprando algo cuando simplemente llamaron para hacer una pregunta.

Tipos de tareas

Los diferentes trabajos del centro de llamadas tienen diferentes configuraciones. Los que mejor pagan implican algún tipo de venta. Ahora, por favor, comprenda que esto no significa que tenga que convertirse en una especie de vendedor de autos usados con toda la cursi necesaria y el comportamiento desagradable. No tiene por qué ser así.

En muchos casos, dentro de un entorno en el que simplemente se responde a las necesidades de las personas, puede aumentar su venta a productos o paquetes de servicios de mayor valor. Estas son las habilidades más comunes requeridas en un entorno de servicio al cliente.

Resolución de problemas
Respondiendo preguntas
Analizar la inquietud de las personas que llaman y dirigir a esa persona al recurso correcto
Haciendo análisis y escuchando al cliente al mismo tiempo
Documentar la interacción
Escuchar al cliente y analizar sus necesidades reales
Cumpliendo con los estándares de calidad
Resolviendo problemas
Conocer los problemas del producto
Conocer las preocupaciones de los marcadores
Habilidades telefónicas básicas

La clave para ganar dinero como agente de call center especializado

Si reside en los Estados Unidos y es una persona de la tercera edad que busca ganar dinero como agente de un centro de llamadas, la clave es conocer sus cosas al revés y hacia adelante. Cuando alguien llama y se da cuenta de que realmente sabe lo que hace y puede ayudarlo a resolver sus problemas, es muy fácil venderle más.

Dado que le pagan en función de la comisión, es posible que pueda ganar mucho dinero extra siendo un agente especializado del centro de llamadas de 'venta adicional'. ¿Cómo? La gente llama para solicitar asistencia al cliente. Usted resuelve sus problemas y luego intenta vender en un paquete de servicios relacionado.

Freelancer general

Este es un encabezado general para personas mayores que buscan trabajar en Internet. Hay muchos tipos diferentes de trabajos independientes que puede realizar. Pero existen similitudes generales. Cuando trabajas como autónomo, trabajas únicamente en tu propio tiempo.

¿Qué tipo de trabajos puedes hacer como autónomo?

En términos generales, el trabajo independiente más común disponible en línea implica escribir. Por favor, comprenda que hay muchos tipos diferentes de materiales para los que las personas contratan escritores. Aquí hay una breve lista de trabajos de escritores independientes actualmente disponibles.

Escritura académica
Juego de pantalla
Propuestas de subvención
Especificaciones técnicas
Redacción de manuales técnicos
Contratos legales

Carta de demanda o alegatos legales formales
Contenido en línea
Libros
Novelas
Biografías o memorias personales
Guías online
Planes de negocios
Propuestas comerciales
Propuestas de servicios

La lista anterior es solo una lista corta. Digámoslo de esta manera, siempre que sea necesario escribir algo en inglés, se lo puede subcontratar.

No hay requisitos de educación formal para ser un escritor en línea. De hecho, conozco gente que solo tiene un diploma de escuela secundaria y algunos apenas tienen ese diploma que están tirando de 5 cifras. Lo mejor de la escritura en línea es que todo se reduce a la calidad de su salida. Eso es todo lo que le importa al cliente.

Hay muchas otras variaciones del trabajo de escritura independiente. No es necesario que usted mismo escriba los materiales. Puede ser cualquiera de los siguientes.

Editor transcriptor
corrector de
pruebas
transcriptor
escritor de
anuncios redactor
de textos lector de

textos redactor de
proyectos

Como puede ver en los otros proyectos subsidiarios anteriores, la parte de
escritura es solo una pequeña fracción del proyecto general. Hay tantas
variaciones en el trabajo de escritura y créanme, Internet nunca se quedará
sin demanda de escritores. ¿Cómo?

Todo se reduce a la comunicación básica en inglés. Las empresas saben que
necesitan presentar sus ideas de forma profesional. Saben que necesitan ser
entendidos de manera efectiva y eficiente. Esto, por supuesto, requiere que
las personas se comuniquen de manera efectiva.

Requisitos

También debería invertir en Whitesmoke o Grammarly. Estos son correctores
gramaticales en línea que te ayudarán a limpiar tu salida. No me importa lo
refinado que creas que eres como escritor. Todo el mundo tiene asperezas.

Conviértete en un bloguero

Todo el mundo tiene opiniones. Todo el mundo tiene ideas. La buena noticia es que existe un mercado universal que consta de miles de millones de personas. Internet es realmente una gran audiencia. Puede pensar que tiene todas estas opiniones locas y locas que nadie realmente toma en serio.

Eso puede ser cierto. Pero puede ser al revés. Bien puede resultar que sus opiniones, por extrañas e incómodas que pueda pensar que son, en realidad atraigan a un gran número de personas.

Cuando publique estos materiales, es posible que se lleve una agradable sorpresa. Puede haber mucha gente leyendo tus cosas, compartiendo tus cosas en las redes sociales y esencialmente desarrollando una comunidad alrededor de tu contenido.

Si todo esto le suena descabellado, no sea tan escéptico. Esto sucede todo el tiempo. De hecho, muchos editores en línea comenzaron de esta manera. Simplemente compartirían sus opiniones o compartirían investigaciones que cumplieron y agregarían con sus propias palabras en su propio blog personal.

Pensaban que no iba a salir nada de su blog, que era un puro pasatiempo. Bueno, gracias a las redes sociales y a los motores de búsqueda, estas personas obtienen ingresos a tiempo completo de sus blogs. De hecho, muchos de estos editores terminan vendiendo sus propiedades por bastante dinero.

$ 100,000 a más de $ 1,000,000 no es algo inaudito. ¿Estás emocionado todavía? Siga los consejos a continuación para configurar su propio blog.

Si hay algún consejo que pueda dar a cualquiera que esté interesado en los blogs, es este: tu nicho hará o deshará tu blog. Elija el nicho equivocado y su blog morirá.

Según el New York Times, más del 90% de los blogs que empezaron acaban muriendo. Así de alta es la tasa de fracaso de los blogs. Mucho de esto puede atribuirse al nicho equivocado. Tienes que elegir un nicho que sea lo suficientemente gratificante como para mantenerte motivado y entusiasmado con los blogs.

Si está escribiendo en un blog durante un mes y simplemente está creando contenido como si no hubiera un mañana, si no gana dinero o no hay compromiso o ningún tipo de indicación objetiva de éxito, tarde o temprano, lo hará quedarse sin vapor. Después de todo, la pasión solo puede funcionar durante un tiempo.

Para crear un negocio autosostenible en el que pueda obtener la motivación que necesita para producir contenido de alta calidad y producir estos materiales durante un período prolongado de tiempo para maximizar su potencial de ingresos, debe elegir el nicho correcto.

El nicho correcto se puede resumir en la siguiente fórmula:

El nicho correcto = tema que le apasiona + niveles de volumen de búsqueda lo suficientemente altos (puede obtener esto a través de la herramienta de planificación de palabras clave de Google) + valor comercial lo suficientemente alto (puede obtener esta herramienta de planificación de palabras clave de Google) y niveles de competencia manejables (puede encuentre esto a través de una simple búsqueda en Google de sus palabras clave objetivo)

Simplemente envuelva su mente en la fórmula anterior y podrá bloguear con éxito.

Comenzando un blog

Crear un blog es en realidad la parte fácil. La parte difícil es elegir el nicho correcto. Le proporciono los pasos a continuación asumiendo que ya sabe cómo elegir el nicho correcto o que ya ha elegido uno.

Paso # 1: obtenga el alojamiento de un nombre de dominio e instale Wordpress

Le sugiero que obtenga un alojamiento que permita una instalación de Wordpress con un solo clic. Mucha gente dice que debería utilizar herramientas gratuitas como Blogger.com, Wordpress.com o Medium.com. No escuches a esa gente.

Recuerde, su blog puede generar dinero, pero el verdadero día de pago es cuando vende su blog. Como mencioné anteriormente, muchos blogueros venden su negocio de blogs por cientos de miles de dólares o incluso más de un millón de dólares.

Así de lucrativo puede ser un blog. Si no me cree, busque las ventas de grandes blogs de tarjetas de crédito o finanzas personales. Esas ofertas pueden ser alucinantes. Dado que vender tu blog es una posibilidad futura, no tiene ningún sentido que uses una plataforma como Medium.com o Blogger.com.

No eres dueño de la plataforma y, en última instancia, no eres dueño de esa propiedad. Aloje sus propios blogs utilizando su propia suscripción de alojamiento en su propio nombre de dominio y ejecute su blog a través de Wordpress.

Paso 2: elige el nombre correcto

Elija un nombre de blog que realmente encapsule el valor que su blog aporta a la mesa.

Paso # 3: personaliza tu blog

Asegúrese de que su blog refleje su marca.

Paso # 4: Crea contenido ganador

Al ganar contenido, me refiero a contenido recomendado por herramientas como Buzzsumo. Cuando utiliza estas herramientas, encuentran las piezas de contenido más populares en su nicho. Terminas creando contenido en el que la gente ya está interesada. Esto aumenta tus posibilidades de que tu blog tenga éxito.

Paso # 5: Promocione su sitio web

Vaya a las redes sociales y comparta las publicaciones de su blog. Comparta en plataformas de preguntas y respuestas como Quora.com. Ingrese a Reddit, analice su sitio web y comparta sus recursos. Asegúrese de dedicar varias horas cada mes a esto hasta que tenga un flujo constante de tráfico.

Eventualmente, puede dejar de promocionar porque su blog habría generado suficiente atracción para que sus propios lectores compartieran el contenido de su blog.

Paso # 6: Monetizar

Este no debería ser el número uno en su agenda. Pero aún debería ser parte de la imagen. Una vez que obtenga suficiente tráfico, busque convertir ese tráfico en dinero. Puede poner anuncios que le paguen por cada clic o puede vender sus propios productos o puede poner anuncios que le paguen por cada correo electrónico capturado.

Cualquiera que sea el caso, eventualmente comenzará a ganar dinero. Pero primero debes concentrarte en hacer que tu blog sea popular.

Traductor

Las personas mayores que saben un segundo idioma o que dominan varios idiomas pueden contratarse fácilmente como traductores en línea. Hay muchos programas de traducción en línea disponibles para personas mayores.

Dada la naturaleza aleatoria de los lenguajes humanos, un simple servicio de traducción mecánica 1 a 1 como Google Translate simplemente no va a ser suficiente. Habrá muchos matices omitidos. De hecho, en muchos casos, una traducción simplemente mecánica deja fuera el contexto y esto puede producir un efecto incorrecto.

Como probablemente ya sepa, el contexto lo es todo.

Cómo ganar aún más dinero con la traducción

Si usted, por ejemplo, fue médico o enfermero, puede traducir documentos médicos y estos pueden pagar más. Del mismo modo, si fue abogado antes en su antigua carrera, puede traducir documentos legales y esto puede generar bastante dinero.

Consulta de trabajo

Si jugó un papel decisivo en el crecimiento de una empresa en cualquier capacidad, puede optar por convertirse en consultor empresarial. Los consultores comerciales ganan bastante dinero porque la gente busca su experiencia.

Puede dar consejos, puede comenzar a través de etapas cruciales de su desarrollo. Puedes ofrecer servicios de coaching. Hay muchas formas en las que puede ofrecer sus servicios de consultoría empresarial. Todo se reduce a la cantidad de conocimientos que tenga.

Freelance vs editores

El gran factor a considerar si está pensando en convertirse en un consultor de negocios en línea realmente se reduce a la entrega. Por lo general, cuando la gente piensa en consultoría, piensa en alguien que se presenta físicamente, habla con ciertas personas y luego presenta algún tipo de informe. Se supone que la empresa debe leer este informe y cambiar sus prácticas comerciales en función de las recomendaciones.

25

La consultoría de negocios en línea es ligeramente diferente. Básicamente, envías cuestionarios y luego elaboras un informe final que envías por correo electrónico a tu cliente. Pero esa es solo una forma de hacer las cosas. Ese es el tipo de consultoría uno a uno.

Básicamente, tratas con un negocio específico en función de sus méritos y luego envías el informe de consulta específico. Hay otra forma de ganar dinero como consultor empresarial. Básicamente, puede hacer que las personas completen el mismo cuestionario. Pero dependiendo de sus respuestas, puede enviar recomendaciones predefinidas o predefinidas.

Lo mejor de esto es que trabajas una vez, pero ganas dinero muchas veces. ¿Cómo? Escribiste las recomendaciones una vez. El único trabajo que está haciendo es leer el cuestionario y ver qué tipo de informe enviar a qué cliente.

Es muy fácil pensar que la mejor manera de convertirse en consultor de negocios es que las personas se pongan en contacto contigo a través de Skype y tú solo hables con ellos.

El mejor enfoque sería simplemente crear un producto enlatado, pregrabado o preescrito que gobierne muchos problemas comunes diferentes. Luego lo envía y luego el cliente puede personalizar la implementación de su consejo.

Luego puede programar una consulta 1 a 1 para algo más específico. Esto le permite ganar más dinero y también le ayuda a calificar su base de clientes.

Contador o cuenta fiscal

Si tiene un conocimiento especializado en contabilidad o si fue contable o contable antes, puede trabajar desde casa utilizando este tipo de servicio. Básicamente, la gente necesita contables y, desafortunadamente, los contables cercanos cuestan mucho dinero.

Además, este tipo de servicio se puede realizar fácilmente en línea. Simplemente envía paquetes digitales. Siempre que tenga las habilidades para hacer esto, puede proporcionarlo a través de Internet.

Dos modelos

Hay dos modelos de prestación de servicios para las personas que buscan convertirse en contables o contables fiscales en línea. Utilice una agencia o facilítelo directamente usted mismo.

Pasando por una agencia

Lo mejor de formar parte de una agencia de contabilidad o teneduría de libros en línea es que no tiene que preocuparse por el origen de sus próximos proyectos. Hacen promociones y básicamente se comercializarán a sí mismos para poder obtener un flujo constante de clientes para usted.

La desventaja de la agencia es que una parte importante de sus ingresos se destinará a la agencia.

Lo mejor de ofrecer su propio servicio de contabilidad y teneduría de libros de impuestos directamente al público en general es el hecho de que no tiene que dividir su tarifa con nadie. La desventaja de esto es que debe conocer bien el marketing en línea para poder ganar con esta técnica, de lo contrario, será difícil para usted ganar dinero como contador fiscal o contable.

Debe tener las habilidades de marketing adecuadas para que esto suceda. Consulte la sección de marketing más adelante en este libro.

Tutor o profesor en línea

Hay muchas disciplinas que requieren asistencia tutorial. En términos generales, estos se reducen a ciencias, matemáticas e inglés. Si eres bueno con el inglés escrito o hablado, puedes convertirte en un tutor en línea.

Dos tipos de plataformas de tutoría

Si está buscando instruir a personas a través de Internet, comprenda que en realidad solo hay dos plataformas para esto. Tienes que elegir sabiamente, de lo contrario, es posible que no ganes mucho dinero como tutor en línea.

Tipo n. ° 1: pasa por una agencia en línea

Lo mejor de inscribirse en una agencia de tutoría en línea es que encontrarán clientes para usted. No tienes que preocuparte por encontrar un estudiante. Su principal preocupación es ser aceptado en una plataforma de tutoría en línea.

Tipo 2: sigue tu propio camino

La alternativa a utilizar una agencia es seguir su propio camino. En otras palabras, crea su propio sitio web y comercializa directamente sus servicios de enseñanza y tutoría en línea.

Lo mejor de este enfoque es que puedes cobrar más dinero. Recuerde, cuando utiliza cualquier tipo de agencia, está dividiendo la tarifa con la agencia. Desafortunadamente, en un entorno de agencia, establecen la tarifa.

Si la tarifa es muy baja para que sus servicios sean más asequibles, ¿adivinen quién recibe el golpe? ¡Así es! ¡Tú haces! Entonces, cuando comercializa directamente a sus estudiantes potenciales, gana más dinero y se queda con más dinero.

Otra ventaja es que no tiene que preocuparse por problemas de personalidad y temperamento porque, en última instancia, convence al estudiante de que lo contrate o no lo hace. No tienes que pasar por algún tipo de burocracia o prueba de actitud.

La desventaja de seguir su propio camino es que debe saber cómo comercializar en línea. Puede que tenga que gastar mucho dinero en anuncios de Facebook y anuncios de búsqueda de Google para conseguir clientes. Si no sabe lo que está haciendo con el marketing en línea, puede terminar pagando demasiado dinero solo para tener muy poco que mostrar.

Conviértase en un vendedor en línea

El comercio en línea está aquí y está aquí para quedarse. Se hace cada vez más grande. ¿No te gustaría tener un buen trozo de ese pastel?

El problema de la venta online

El problema con la mayoría de los vendedores en línea es que piensan que tienen que hacer todo tipo de cosas para vender en línea. Esto significa que tienen que conservar el inventario, pagarlo por adelantado, almacenarlo en un almacén, manejar físicamente el stock, lidiar con devoluciones, reembolsos y todo tipo de dolores de cabeza de soporte al cliente.

Además de todo esto, se enfrentan a una enorme competencia independientemente de su nicho. No es de extrañar que los primeros usuarios de las tiendas en línea o los primeros creadores de tiendas en línea tendieran a fracasar.

Avance rápido hasta el día de hoy, ahora, más vendedores en línea están ganando dinero de manera confiable, predecible y rentable. ¿Qué cambió? Dos palabras: Dropshipping.

Dropshipping es un método de cumplimiento. Básicamente, pones un sitio web para atraer tráfico y compradores de Internet. Pueden encontrarlo a través de motores de búsqueda o redes sociales.

Cuando encuentran su tienda, pueden ver sus productos. Si les gusta un producto, pueden hacer clic en un botón para solicitarlo.

Cuando eso sucede, activa un software que realiza pedidos a su proveedor. Normalmente, este es un proveedor chino de lugares como AliExpress.

El cliente no ve nada de esto. En cambio, realizan un pago en su sitio web y comienzan a esperar el producto que solicitaron.

Su sitio web, por otro lado, realiza automáticamente su pedido a su proveedor en China. Luego, el proveedor chino envía el pedido directamente a su cliente. Ni siquiera pasa por tus manos. ¿Qué tan ingenioso es eso?

No tiene que preocuparse por el almacenamiento, el manejo de inventario o la mayoría de los otros problemas de cumplimiento.

Si hay algún problema, los cambios y reembolsos son muy fáciles. ¿Cómo? Normalmente, la diferencia entre la caída de precio que los transportistas cobran a los clientes en los Estados Unidos y Canadá es tan grande que pueden absorber bastantes pérdidas.

Hay dos formas de configurar una tienda en línea. Puede usar una tienda dedicada usando WordPress y WooCommerce. Puede utilizar un complemento para importar productos de su proveedor en AliExpress.

Personalmente, usaría una opción más simple. Usaría Shopify.

Shopify es increíble porque todo el alojamiento está a cargo. No es necesario que tenga su propia tienda en línea.

Puede apostar que su infraestructura de alojamiento es segura y poderosa. No tiene que preocuparse de que su sitio web se desconecte.

Además, Shopify admite todo tipo de complementos. El más importante es Oberlo.

Oberlo trabaja en estrecha colaboración con AliExpress. Entonces, cuando haces una búsqueda en Oberlo, puedes encontrar todo tipo de productos en AliExpress. Simplemente selecciónelos con su navegador y Oberlo completará automáticamente su tienda Shopify con estos productos.

Además, Oberlo automatizará el sistema de pedidos. Esto es lo que selló el trato para mí.

Cuando alguien va a mi tienda y compra un producto, el pago se procesa a través de Shopify y se acredita mi cuenta de PayPal. Al mismo tiempo, Oberlo tomará los detalles del pedido de esa transacción y los enviará automáticamente a mi fuente en AliExpress. Entonces, mi PayPal se carga automáticamente y yo me quedo con la diferencia.

Jurado virtual

En los litigios de alto riesgo, los abogados realmente no están en condiciones de dejar nada al azar. Prefieren presentar sus casos a personas que coincidan con el perfil del jurado en su jurisdicción.

Tienes que completar una encuesta en línea para ver tu perfil personal. Y si te eligen para ese grupo de jurados en línea, te pagan como jurado en línea.

Básicamente, simplemente escuchas los argumentos de los abogados, miras la evidencia presentada y luego das tu opinión.

En muchos casos, se le pide que explique por qué decidió de la manera que decidió. Esto es luego registrado por la compañía de jurados en línea y presentado como un informe a los litigantes involucrados.

Luego, los bufetes de abogados analizarán el perfil de los diferentes tipos de jurados para que puedan usarlos como una forma de guiarlos a la hora de elegir la composición adecuada del jurado en su demanda.

En otras palabras, al pasar por un sistema de jurados en línea, pueden tener una buena idea de qué jurado seleccionar para maximizar sus posibilidades de éxito.

Por otro lado, si los jurados en línea deciden de manera uniforme o casi universal por el demandante o el acusado, el bufete de abogados podría decidir simplemente resolver el caso.

No importa cómo lo hagas, tu trabajo como jurado virtual o en línea es realmente muy importante. Puede ahorrar mucho dinero a las empresas. También puede ahorrarles muchos problemas a los demandantes.

Otras oportunidades de trabajo desde casa

Si desea trabajar en casa, hay muchas opciones diferentes disponibles que pueden involucrar un híbrido de visibilidad en línea y trabajo fuera de línea. Lo que sigue es solo una muestra general de este tipo de oportunidad híbrida.

Tenga en cuenta que estas oportunidades requieren un trabajo real. Tienes que estar físicamente en algún lugar. Básicamente, vuelve a tener ingresos activos en el sentido de que está intercambiando su tiempo por dinero.

La única dimensión en línea de esto es que la gente se enterará de su servicio a través de Internet.

Catering, repostería y cocina

Si tiene una cuenta de Facebook, puede utilizar Facebook para ofrecer servicios de catering. Facebook está orientado a las empresas locales, por lo que cuando las personas buscan servicios de catering y horneado o cocina locales, pueden encontrar su negocio.

Puede vender comidas empaquetadas que preparó con anticipación o puede alquilarse como chef o cocinero en el lugar.

Si va a dedicarse a este tipo de negocio, asegúrese de buscar precios competitivos.

Puede ofrecer servicios de cuidado infantil fuera de su hogar. Sin embargo, asegúrese de cumplir con las reglas de licencias locales. También existen posibles emisiones de bonos de seguros que debe cumplir.

También puede configurar su casa como una especie de hotel para perros. Existe una enorme demanda de este tipo de servicio.

También puede pasear a los perros de las personas por ellos o cuidar de sus mascotas como cuidador de mascotas.

Puede anunciar estos servicios en lugares como Craigslist.

Dependiendo de su jurisdicción, es posible que deba obtener un permiso y un seguro. También es posible que deba realizar ciertas modificaciones en sus instalaciones.

Si eres creativo de alguna manera, puedes crear paquetes de arte de música o gráficos y venderlos en línea. Hay mucha gente que busca música libre de derechos de autor.

Puede unirse a un sitio web que actúa como cámara de compensación para este tipo de material o puede venderlo a través de su propio sitio.

Si te encantan los autos, puedes anunciarte en Craigslist para ser un mecánico sin cita previa. Ahora, comprenda que la gente pagaría un buen dinero por esto porque en realidad los está visitando y haciendo trabajos de reparación en su automóvil.

Aquí también se aplican los mismos posibles problemas legales relacionados con el cuidado de mascotas.

Servicios de jardinería

Puede ofrecer servicios de jardinería informal a través de Internet. Hay muchas personas que necesitan podar ciertas plantas o cortar el césped. Esto puede ser lucrativo, pero su página de servicio debe ser muy visible en línea.

Dónde conseguir trabajos en línea

Suponiendo que desea convertirse en asistente virtual o desea trabajar como tutor en línea o realizar cualquier tipo de trabajo que se pueda realizar en línea para los clientes, realmente solo tiene tres fuentes principales de este tipo de trabajos.

Por favor, comprenda que estas son fuentes categóricas. Es decir, hay muchas variaciones diferentes de estos, pero en última instancia, así es como funcionan.

Sus tres opciones son: seguir su propio camino, plataformas de microprocesamiento o plataformas de búsqueda de empleo.

Método n. ° 1: seguir su propio camino

Cuando sigue su propio camino, básicamente está vendiendo sus servicios a través de su sitio web. Tal vez su sitio web sea solo una página en blogger.com o medium.com, sigue siendo una página de servicio en línea.

Obviamente, debe adoptar la presencia en línea de aspecto más profesional. Invierta en un nombre de dominio, consígalo alojado en algún lugar y asegúrese de que su sitio web se vea profesional. Cuanto más profesional sea su sitio, mayor será la probabilidad de que las personas lo contraten. Muy claro.

Cuando sigue su propio camino, básicamente está publicando anuncios en línea, o promocionando su sitio web, o haciendo algún tipo de divulgación para que la gente haga negocios con usted. La conclusión es que las personas vean su sitio web para que puedan ver lo que ofrece.

Puede cobrar tarifas mucho más altas que si anunciara su servicio en una plataforma. No hay comparación. La única persona con la que te comparan eres tú mismo.

Lea el capítulo sobre marketing online para obtener una comprensión básica de las técnicas de creación de tráfico que puede utilizar.

Otra desventaja de seguir su propio camino es que debe aprender a vender en línea.

Por favor, comprenda que hay una gran diferencia entre aprender a generar tráfico y aprender a vender. Mucha gente confunde estas dos cosas, y es por eso que gastan mucho dinero en anuncios pagados con muy poco para mostrar.
También debe configurar una presencia web que pueda convertir el tráfico en ventas. Esto no es tan fácil como cree porque requiere bastante tiempo y atención a los detalles. Pero puede hacerse.

Método n. ° 2: plataformas de microprocesamiento

Las plataformas de microprocesamiento son lugares como Fiverr donde los proveedores de servicios configuran una cuenta en la que luego pueden crear muchos anuncios diferentes. Cada anuncio se relaciona con una tarea específica que realizan para otras personas.

Por ejemplo, si usted es un diseñador gráfico que puede producir pancartas, encabezados, fotos editadas con Photoshop y otras tareas gráficas, cuando se une a una plataforma de microprocesamiento, acepta fijar el precio de su servicio de acuerdo con sus restricciones de precio.

En Fiverr, los proveedores de servicios solían estar restringidos a solo $ 5. Ya no.
Pero solo puede ofrecer una tarea específica por anuncio. Estos son muy específicos de la tarea. Los compradores potenciales luego pasarían por Fiverr y realizarían búsquedas de tareas relacionadas con las que está ofreciendo.

La gran ventaja de las plataformas de microprocesamiento como MechanicalTurk, Fiverr o MicroWorkers es que son específicas para cada trabajo. No hay conjeturas sobre el tipo de tarea que se espera que realice.

La desventaja de las plataformas de microprocesamiento es que la competencia es tan intensa que normalmente es una carrera hacia el fondo.

Estas plataformas de tareas o sitios web de microprocesamiento son muy sensibles al precio. Por lo tanto, asegúrese de ofrecer solo servicios con los que pueda ganar un buen dinero. Esto significa que debe ofrecer servicios especializados.

Método n. ° 3: plataforma de búsqueda de empleo

Una plataforma de búsqueda de empleo cambia el guión del microprocesamiento. Con los sitios de microprocesamiento, los clientes básicamente tienen que seleccionar entre los anuncios publicados por los proveedores de servicios.

Con las plataformas de búsqueda de empleo, es al revés. Los clientes publicarán los detalles de su proyecto y luego los proveedores de servicios pujarán por ese proyecto.

La gran ventaja de estas plataformas es que el cliente tiene mucho más control. El cliente puede especificar ciertos tipos de habilidades, puede dictar ciertos resultados y puede seleccionar entre el grupo de posibles contratistas licitadores.

La gran desventaja de las plataformas de búsqueda de empleo es que los proveedores de servicios se ven obligados a competir. Mucha gente que publica trabajos especializados en plataformas de búsqueda de empleo espera pagar un dólar por un Ferrari.

La buena noticia es que si se especializa y tiene un historial sólido, aún puede hacerlo bien en este tipo de plataforma de trabajo independiente.

Guía para personas mayores sobre marketing digital básico

En este capítulo, lo guiaré a través de las diferentes formas en que puede promover su negocio de ingresos pasivos. Ya sea que tenga un sitio de descarga, algún tipo de plataforma de servicio, una aplicación que haya programado para usted, un software, un libro o un blog que le genere ingresos, necesita conocer los conceptos básicos del marketing en línea para poder generar tráfico.

Realmente es tan simple como esta ecuación: sin tráfico no hay dinero. Envuelva su mente alrededor de eso. Si desea generar ingresos pasivos a partir de Internet, debe averiguar cómo generar ese tráfico. Por supuesto, cuanto más barato sea el tráfico, mejor. La buena noticia es que la gran mayoría de los métodos que describiré a continuación son gratuitos.

No se emocione demasiado. Nada es realmente gratis. Es posible que no le cuesten dólares reales, pero le costarán su tiempo. Entonces, si tiene mucho tiempo, puede seguir estos pasos y generar bastante tráfico. Va con el dicho de que si vende sus servicios a través de su propio sitio web o de un sitio web

2.0 como blogger.com, medium.com o wordpress.com, también puede utilizar los mismos métodos de marketing digital que se describen aquí.

Cree un blog con su propio nombre de dominio si puede. De lo contrario, utilice plataformas web 2.0 como wordpress.com, blogger.com o medium.com. Cuando creas un blog de aspecto profesional, esto significa que tienes que poner gráficos. Quizás necesites instalar un tema. Haz que luzca bien. Una vez que haya hecho eso, aborde las preguntas básicas sobre su servicio. ¿Por qué la gente querría usar su servicio? ¿Qué tipo de problema tienen? Por ejemplo, si es diseñador gráfico, ¿por qué la gente necesitaría la ayuda de un diseñador gráfico? Bueno, normalmente, necesitarían banners, necesitarían encabezados gráficos para sus blogs; pueden necesitar gráficos especializados para una publicación de blog. Hable sobre esas necesidades y por qué es una buena idea usar ese tipo de artículos. Hable sobre los beneficios de estos productos gráficos para los negocios de las personas. Ve a lugares como quora. com para compilar una lista masiva de preguntas que la gente suele hacer con respecto a su tipo de negocio. Responde esas preguntas en tu blog.

Alternativamente, puede ofrecer guías para el comprador. Esto está destinado a personas que ya quieren contratar a personas como usted. Este contenido está destinado a convencerlos de que lo contraten a usted en lugar de a otra persona. En su guía, dirá que las personas deben buscar ciertas cualidades o ciertas características y luego vender su servicio. La conclusión es que crea recursos en línea que abordan las necesidades del usuario final. Cuando lean estos materiales, descubrirán preguntas clave sobre sus necesidades y su marca se volverá más creíble para ellos. Es más probable que le compren porque usted les brindó información crítica que podría ayudarlos a tomar una decisión más informada.

Una vez que haya iniciado un blog para promocionar su servicio, debe crear un embudo de ventas. Esto es crucial. Mucha gente piensa que una vez que han puesto cualquier tipo de contenido en Internet, de alguna manera, ese contenido transformará mágicamente el tráfico en dinero contante y sonante. Desearía que fuera asi de fácil. Bueno, no tengo ninguna duda de que esto sucede a veces, pero en su mayor parte no es así. Tienes que entender que la mayoría de la gente está ocupada. La mayoría de la gente tiene mejores cosas que hacer. Por lo tanto, en la medida de lo posible, preferirían ser empujados o persuadidos a algún tipo de proceso de conversión de ventas. Si su contenido no hace eso, entonces puede despedirse de esa venta potencial. En cambio, esos ojos se convertirán eventualmente en alguien más que sepa lo que están haciendo. La clave aquí es entender que no estás blogueando solo por el hecho de bloguear. El contenido de su blog debe generar ventas. Si no obtiene esto, entonces no bloguee. Es así de simple.

Configurar un embudo de ventas simple

Un embudo de ventas es en realidad solo un diagrama de flujo de diferentes tipos de contenido que colocas en línea. Este material termina filtrando o calificando tu tráfico para que eventualmente te compren. Eso es tan simple como parece. Eso es tan simple como debe ser. La forma más básica de hacer esto es crear páginas de información. Se trata de piezas de contenido que responden a las preguntas de las personas y les definen ciertos problemas. Esto puede ser utilizado como recurso por personas interesadas en última instancia en el servicio que ofrece.

Sin embargo, una vez que haya creado estas páginas, deben vincularlas a las páginas de selección. En estas páginas, le indica a las personas cómo deben seleccionar el proveedor de servicios adecuado. Así es como los empujas suavemente para que te escojan. Pero si no los llama a la acción y simplemente les dice "Está bien, aquí está la respuesta a su pregunta", básicamente está confiando en que lo elegirán. ¿Cómo pueden elegirte cuando ni siquiera les dijiste: "Oye, estoy disponible. Esto es lo que tengo para ofrecer. He aquí por qué mi servicio es tan superior en comparación con otros ". Tienes que crear páginas de selección. Pueden ser revisiones. Estas pueden ser guías de selección finamente ajustadas. Incluso pueden ser formularios en línea en los que las personas ingresan detalles en los que, en última instancia, se selecciona un servicio en particular que usted ofrece.

Cualquiera que sea el caso, tal vez, tienes que torcer suavemente el brazo de las personas para que te compren a ti y no a otra persona. Recuerde que el nombre del juego no es solo encontrar sus cosas, sino llevarlas a algo que le ponga dólares en el bolsillo. Se trata de conversión.

Ahora, si tiene un sitio de ingresos pasivos, esto también se aplica. Esto es más aplicable cuando se trata de proveedores de servicios, pero si tiene un sitio de información que genera dinero cuando la gente hace clic en los anuncios, las páginas de selección llaman a la gente a la acción. Entonces, cuando esos anuncios aparecen, las personas saben qué esperar y es más probable que hagan clic. ¡La conclusión es que la gente convierta, convierta, convierta!

Paso preliminar n. ° 3: prepárese para promover su contenido en las redes sociales.

Lo que sigue son métodos reales de generación de tráfico. Es muy importante entender que si no genera tráfico, no va a ganar dinero. Es así de simple. ¡Sin tráfico no hay dinero! Para decirlo de una manera más positiva: el tráfico significa dinero. Independientemente de cómo se mire, necesita atraer tráfico. Se puede pagar o puede ser "gratis". No importa lo que elija, debe atraer tráfico; porque sin tráfico tus páginas no se convertirán en efectivo. Esa es la conclusión.

Método 1
Promocione su contenido en las redes sociales

Hay toneladas de plataformas de redes sociales y, por supuesto, estoy hablando de Pinterest, Facebook, que se puede dividir en páginas de Facebook y grupos de Facebook, Twitter, Instagram y YouTube. Vaya a todas estas plataformas de redes sociales y busque áreas que estén directamente relacionadas con el servicio que está ofreciendo o el contenido que está ofreciendo. Por ejemplo, si tiene un blog sobre cómo ganar dinero en el mercado de valores, puede apostar a que hay toneladas de páginas y grupos de Facebook que hablan sobre la inversión en acciones. Obtenga una lista masiva de esto. Incluso podría contratar a un asistente virtual para hacer esto. Una vez que haya hecho eso, cree sus cuentas de redes sociales.

Idealmente, debería tener una cuenta de redes sociales y todas las plataformas principales. Nuevamente, estos son Twitter, Facebook (que se divide en páginas y grupos), YouTube, Pinterest e Instagram: cuantas más plataformas, mejor. Crea tus cuentas de redes sociales. Estos tienen que verse profesionales. Quizás tengas que invertir en un gráfico de portada. Si no sabe cómo hacer uno, puede comprarlos fácilmente en lugares como Fiverr. Una vez que haya creado sus cuentas de redes sociales, complételas, incluya su biografía e incluya un poco de antecedentes sobre su servicio o su contenido.

A continuación, comparta su contenido en sus cuentas. Si se trata de contenido de ingresos pasivos, es bastante sencillo, simplemente suelte el enlace. Lo mismo se aplica al blog de su sitio web de servicio. La clave es compartir su contenido en todas sus cuentas. Una vez que haya compartido un poco, el siguiente paso es encontrar todas las subsecciones de estas plataformas de redes sociales donde la gente ya habla sobre su tipo de servicio, la necesidad de su servicio, donde la gente normalmente está interesada en su tipo de servicio. . Alternativamente, estos pueden ser lugares donde la gente habla sobre los temas que cubre en su blog, sus sitios web de recursos o tienda en línea.

La clave es encontrar estos lugares y luego participar activamente en ellos. Aquí está el secreto, no solo comparta sus propias cosas. Si hiciste eso, se te prohibirá el envío de spam, así que ni siquiera lo intentes. En su lugar, busque contenido de terceros de alta calidad y compártalo en sus cuentas primero y luego, desde allí, enlace a estas subsecciones. Si hace esto correctamente, no se le prohibirá porque está compartiendo información de alta calidad que no escribió. A esto se le llama curación de contenido. Siempre que esté compartiendo el enlace y no gritando el contenido y luego compartiendo eso, debería estar bien. Para acelerar los resultados, es posible que desee utilizar un software de automatización para publicar en sus cuentas de redes sociales. Software como Jarvee, Hootsuite. El nombre del juego es ejecutar todo este contenido curado a través de sus cuentas para llamar la atención de las personas en diferentes plataformas de redes sociales. Eventualmente, mezcla el contenido que comparte en su blog y luego, si las personas hacen clic en el enlace a eso, terminan en su blog y luego puede convertir ese tráfico.

Método # 2
Promocionar en Quora

Quora es una plataforma de preguntas y respuestas donde la gente básicamente hace todo tipo de preguntas sobre todo tipo de temas bajo el sol. El sitio web está organizado en términos de preguntas. La gente publicaría una pregunta y luego otras personas responderían. Quora es una excelente manera de obtener tráfico muy específico. Por ejemplo, tiene un blog que gana dinero al ofrecer contenido a las personas que se postulan a programas de MBA. Puede encontrar todo tipo de preguntas relacionadas con MBA en Quora: respóndalas y vinculadas directamente a publicaciones de blog específicas. Siempre que haya un ajuste perfecto entre la pregunta, su respuesta y el enlace de recursos que proporcionó, debería estar bien.

Sin embargo, si hay una gran desconexión y es obvio que solo está tratando de obtener tráfico gratuito de Quora, no solo se eliminarán sus respuestas para que no reciba tráfico, sino que su cuenta también puede ser bloqueada.

Método # 3
Promocionar a través de publicaciones de invitados en blogs

Si eres un blogger, sabes que escribir blogs requiere mucho tiempo y esfuerzo. Esta es la razón por la que muchos blogueros ahorrarían dinero invitando a otros blogueros a contribuir con contenido. Los blogueros que contribuyen se benefician al poder obtener nuevos ojos de los blogs que publican su contenido, así como el valor de optimización de motores de búsqueda para los enlaces que incluyen en su contenido contribuido. Esto puede producir una situación en la que todos salgan ganando: el bloguero que publica publicaciones de invitado gana al ahorrar dinero en un contenido original que no se publica en otro lugar. El colaborador obtiene beneficios al atraer la atención y generar tráfico directo de esa manera, así como un vínculo de retroceso para fines de SEO.

La desventaja de publicar como invitado en blogs es que tal vez te encuentres en un nicho tan específico que solo hay unos pocos blogs que lo cubren. Cuando intentas incluir estos blogs en tu publicación de invitado, es posible que no sean tan receptivos.

Método # 4
Promocionar en Reddit

Reddit se enorgullece de ser la primera página del mundo. Puede hacer esa afirmación porque recibe una gran cantidad de tráfico. Cuando publica un enlace en el subreddit apropiado en Reddit, es muy probable que pueda generar bastante tráfico desde esa plataforma. Por supuesto, cuanto más especializada es la subsección, menos tráfico debe esperar.

Esto no es necesariamente malo. Por ejemplo, si tiene un blog que ayuda a las personas a ingresar a la escuela de medicina, puede promover los enlaces a la publicación de su blog en subreddits que ayudan con las admisiones médicas. Si bien es obvio que estas secciones en Reddit no reciben mucho tráfico, la promoción en estas subsecciones aún vale la pena porque los ojos que obtienes tienden a interesarse mucho. En otras palabras, se trata de tráfico calificado. Esta no es una persona cualquiera que solo busque imágenes divertidas o imágenes inspiradoras.

Son personas que realmente buscan problemas específicos relacionados con las admisiones médicas. Si coloca su publicación correctamente y configura el contexto adecuado para ella, es posible que obtenga muchos clientes. Estas son personas que buscan hacer clic en sus anuncios o solicitarle servicios.

La desventaja de Reddit es que la gente en Reddit es muy, muy sensible al spam. Incluso si no está promocionando activamente un enlace o incluso si su publicación no tiene el enlace, aún encontrarán una manera de denunciarlo por correo no deseado. Así de sensibles son. Por eso es realmente importante jugar de forma inteligente. Puede mencionar el nombre del sitio web sin el .com al final. Puede mencionar la dirección de correo electrónico de una persona y luego decir que está usando Gmail y cuál es su nombre. Las personas podrán juntar eso y usar ese nombre y formar una dirección de correo electrónico y enviar un correo electrónico. Solo tienes que ser creativo en Reddit.

Método # 5
Promocionar en foros

Puede generar tráfico gratuito desde foros que están directamente relacionados con su nicho de destino. Si proporciona el servicio a propietarios de sitios web en la industria del aire acondicionado, por ejemplo, puede encontrar un foro de aire acondicionado poblado por personas que posean negocios de aire acondicionado. Luego puede publicar preguntas y luego otras personas responderán y luego puede mencionar el hecho de que existe este artículo, las personas pueden hacer clic en el enlace y pueden ir al sitio web y luego venderlos allí.

La gran ventaja de los foros es que tienden a ser muy específicos. Además, el contenido que publica en ellos tiende a permanecer en Internet durante mucho tiempo. En otras palabras, el contenido funciona como una especie de recurso duradero. La gente podría encontrarlo durante un largo período de tiempo.

La desventaja es que, al igual que Reddit, muchos usuarios del foro son muy sensibles al spam. Entonces, en la medida de lo posible, primero debe desarrollar un poco de credibilidad. No puedes simplemente entrar y soltar un enlace el primer día. No funciona de esa manera.

Tarde o temprano, comience a eliminar enlaces de contenido de alta calidad de terceros. Estos son enlaces a materiales que usted sabe que son los mejores sin disputas sobre la calidad de su contenido. Por supuesto, este no es tu contenido. Pero no importaría porque cuando compartes este contenido, la gente empieza a verte como la autoridad. Saben que cuando te pagan y te toman en serio, no los molestarás. Siempre les das la mejor información. Ese es el tipo de reputación que debe construir por sí mismo. Una vez que pueda hacer eso, puede comenzar a agregar sus propias publicaciones de blog y cuando las personas hagan clic en ellas, terminarán con su sitio web y luego podrá convertirlas.

Método # 6
Promocionar en comentarios de Facebook, publicaciones de blog con complementos

Facebook tiene un complemento que utilizan muchos sitios web. Puede buscar blogs que utilicen este complemento pero que utilicen las palabras clave de destino de su contenido. Por ejemplo, tiene una publicación de blog sobre cómo comprar acciones. Esto, por supuesto, es para su sitio web de ingresos pasivos. Las personas leen ese contenido, luego hacen clic en un anuncio y es posible que ganes dinero. ¡Muy claro! Puede promover esto utilizando esta técnica buscando palabras clave relacionadas con la publicación de su blog y luego buscando publicaciones de blog que funcionen con el complemento de comentarios de Facebook. Esto significa que esta publicación de blog escrita por otras personas se encuentra en blogs que tienen el complemento de comentarios de Facebook. Luego ingresa su respuesta a esa publicación de blog y luego suelta un enlace a su publicación.

La gran ventaja de este método es que obtiene un tráfico altamente dirigido. Por favor, comprenda que no importa cuán oscuro sea su contenido objetivo, existe una alta probabilidad de que alguien ya haya escrito sobre él en algún tipo de blog. Encuentre ese contenido y si ese contenido tiene una sección de comentarios que funciona con Facebook, coméntelo y luego suelte su enlace.

La desventaja aquí es que si obviamente estás enviando spam, serás penalizado. A la gente no le gustan las promociones en su página. Básicamente, estás promocionando a sus expensas. Por eso tienes que compartir comentarios valiosos.

Método # 7
Promocionar en Pinterest

Cada publicación de blog en su sitio web puede tener una imagen adjunta. Encuentra esa imagen. Consígalo hecho a medida en lugares como Fiverr. Una vez que encuentre la regalía para la imagen, vaya a Pinterest y fíjela usando hashtags o categorías directamente relacionadas con su nicho.

La ventaja de esto es que es bastante sencillo, es muy fácil de hacer y puede vincular desde esa foto a la publicación de su blog. La desventaja de esto es que necesitas hacer mucho esto y tienes que producir el contenido correcto. Además, Pinterest es ideal para productos y no tanto para servicios o conceptos.

Método # 8
Promocionar en los comentarios del blog

Básicamente, buscas estas publicaciones de blog. De la misma manera que buscaría publicaciones de blog que usen el complemento de comentarios de Facebook, mencionado en uno de los métodos anteriores. La única diferencia es que estas publicaciones de blog no necesariamente tienen que usar el complemento de comentarios de Facebook. Sin embargo, todavía haces las mismas cosas. Tienes que hablar sobre el tema de la publicación del blog. Plantee ciertas preguntas y luego plantee el tema que tiene algo que ver con el enlace que está promocionando. Esto no es algo que pueda copiar y pegar, debe hacerlo por su cuenta. Tienes que ser un escritor decente para lograrlo. Pero la buena noticia es que si puede hacer esto correctamente, atraerá los ojos correctos.

Método # 9
Comentarios de la página de Facebook

Encuentra a tus competidores en Facebook. Ya sea que sea un proveedor de servicios, un bloguero o el propietario de un sitio web de contenido, busque las páginas de la competencia en Facebook. Busque su publicación fijada. Estas son publicaciones que aparecen en la página principal. Comente el comentario n. ° 1 en esa página. Idealmente, primero debe buscar contenido que no tenga comentarios. Comente sobre eso y luego use las mismas técnicas que un blog comentando que mencioné anteriormente y luego suelte su enlace.

Método # 10

Marketing grupal de Facebook

Únase a tantos grupos diferentes de Facebook relacionados con su nicho y use las mismas estrategias de comentarios que mencioné anteriormente.

Opciones de pago

Además de los métodos gratuitos anteriores, siempre puede pagar por el tráfico. Dependiendo de la cantidad de dinero que tenga disponible para invertir en la creación de un flujo de ingresos en línea, esta puede ser una opción viable o puede estar prohibida para usted. Es una buena idea empezar con la generación de tráfico gratuito antes de pagar por el tráfico.

Conclusión

Trabajar después de la jubilación puede brindarle una gran oportunidad para trabajar en sus propios términos. Las empresas aprecian el valor que aportan los trabajadores mayores. Hay muchas formas de trabajar en línea: puede trabajar en sus propios términos, puede trabajar en su propio horario; porque Internet acaba de hacer un trabajo remoto mucho más flexible y lucrativo. También puede estudiar la posibilidad de crear sistemas de ingresos pasivos. Si está harto y cansado de tener que trabajar activamente por su dinero, la creación de ingresos pasivos en línea a través de publicaciones en línea y otros métodos es definitivamente una excelente opción.

Dicho esto, utilice la información anterior para concentrarse en la opción de ingresos remotos que tenga más sentido en su situación. Puede analizar detenidamente sus circunstancias personales y buscar la opción adecuada. El hecho de que otras personas lo estén haciendo y generando buenos resultados no significa necesariamente que sea adecuado para usted. Tienes que mirar la totalidad de la situación, asegurarte de que todo encaja a la perfección para que puedas aprovechar las oportunidades adecuadas y producir el resultado correcto.

¿La mejor parte? Tienes que aprender algo nuevo. El hecho de que seas un poco mayor no significa necesariamente que tengas que ser mayor. Las personas envejecen cuando cierran sus mentes a nuevas posibilidades. La gente envejece cuando se niega a aprender. Las personas envejecen cuando se vuelven tercas e insisten en aferrarse a lo que creen saber. Cuando te expones como trabajador en línea, básicamente te pagan por aprender. Básicamente, te pagan para salir de tu zona de confort mental y emocional y las cosas se vuelven posibles. Empiezas a mirar el mundo con una enorme cantidad de posibilidades y sentido de la aventura.

Artículos

Aquí hay algunos artículos breves que se dan como "alimento para el pensamiento".

Si eres una persona de la tercera edad, es posible que estés pensando que los blogs son un juego de personas jóvenes. Por supuesto, el estereotipo típico de los blogs implica una especie de millennial tomando café en Starbucks, escribiendo una publicación de blog y revisando todo tipo de artilugios.

Bueno, debes mirar más allá del estereotipo para descubrir que muchas personas mayores que escriben blogs en realidad ganan dinero con sus actividades. Lo mejor de los blogs es que produce ingresos pasivos. Para tener una idea clara de lo que es el ingreso pasivo, quiero que recuerde cómo es trabajar para ganarse la vida.

Por lo general, tendrías que presentarte en un lugar físico, marcar el reloj y sentarte durante 8 horas. No importa si está empujando el papel o si realmente se está levantando para hacer cosas físicas para el trabajo. Su tiempo está bloqueado en un espacio particular durante 8 horas.

Si no lo hace, no le pagan. Bienvenido al mundo de los ingresos activos. Simplemente se puede reducir a la fórmula simple de no trabajar, no pagar. Es como si fueras un pollo. Si no se rasca y picotea en el suelo, no se come.

Se envejece rápidamente. ¿No sería genial para ti trabajar una vez, pero ganar dinero muchas veces con las cosas en las que trabajaste hace mucho tiempo? A esto se le llama ingreso pasivo. Por supuesto, existen muchas variaciones diferentes de ingresos pasivos.

Puedes publicar software, puedes crear una aplicación, puedes escribir un libro o, si quieres algo de menor impacto y más acorde con tus experiencias, puedes bloguear por dinero en efectivo.

Es muy tentador lanzarse a los blogs. Quiero decir, después de todo, ¿qué tan difícil puede ser? Hay todo tipo de herramientas gratuitas para blogs como medium.com, wordpress.com y blogger.com. No tiene que gastar dinero en un nombre de dominio, no tiene que gastar dólares en una cuenta de alojamiento. Es absolutamente gratis.

Sin embargo, no es de extrañar que, dada la baja barrera de entrada, la mayoría de los blogueros fracasen. No digo eso para deprimirte. Definitivamente no comparto eso para desanimarte. Pero esta es una verificación de la realidad. Si no sabe lo que está haciendo, no empiece.

Lo que sigue es una guía rápida sobre cómo hacerlo bien. La razón por la que las personas fracasan en los blogs es porque simplemente escriben sobre cualquier tema que les interese. A nivel personal, esto está bien. Pero el problema es que tu blog no es un diario personal.

Estás intentando ganar dinero con tu blog. Estás tratando de convertir tu tiempo en dólares. Si quieres hacer eso, entonces tienes que tener un plan.

Como dice el viejo refrán, si no planifica, realmente está planeando fracasar. Dada la ridículamente alta tasa de fallas del 90 por ciento de la mayoría de los blogs (ya sea que se hayan lanzado hace 10 minutos o hace 10 años), realmente debe tener un plan en camino. La buena noticia es que su plan solo necesita tener 3 partes: selección de nicho , plan de monetización y estrategia de contenido. Al pensar estratégicamente y conocer estos elementos clave de planificación de antemano, allana el camino para el éxito final.

Por lo general, cuando las personas escuchan la palabra "asistente", piensan en algún tipo de pasante universitario. Esta persona es muy joven. Esta persona no gana mucho dinero. Pero tienen todo el entusiasmo del mundo. Bueno, puede que seas un poco mayor. Pero las personas mayores en realidad ganan mucho dinero como asistentes virtuales.

Debe comprender que a medida que más y más empresas descubren el poder de Internet para conectarse con la mano de obra, muchas de ellas están subcontratando el trabajo digital. Si está poniendo en marcha un negocio en línea, probablemente necesitará investigar.

Puede hacerlo usted mismo o puede contratar a alguien para que lo haga por usted. Si no tiene las habilidades para realizar una tarea, puede contratar a alguien a través de Internet para que realice todo tipo de tareas por usted. La mejor parte de todo esto es que no tiene que pagar impuestos sobre la nómina, no tiene que pagar la compensación de los trabajadores y además no tiene que cumplir con todo tipo de dolores de cabeza regulatorios en su estado en particular.

Por favor, comprenda que en los Estados Unidos, las regulaciones laborales varían de un estado a otro. California, por ejemplo, tiene un código laboral y de empleo muy restrictivo. Otros estados como Texas son más indulgentes. Pero la buena noticia es que cuando contrata a un asistente virtual, todo eso desaparece porque esa persona es su contratista.

Básicamente hacen un trabajo para ti y una vez que el proyecto está terminado, ese es el final de la relación. Compare esto con una relación empleador-empleado. Puede convertirse fácilmente en dolor de cabeza. No es de extrañar que muchas personas mayores se estén contratando como asistentes virtuales.

Los asistentes virtuales en los Estados Unidos pueden ganar más de $ 50 por hora o más. Todo depende de las tareas que se asignen. Obviamente, no aceptará tareas que requieran poca habilidad. No tomará tareas que puedan automatizarse porque, si se pueden automatizar, su empleador potencial no se acercaría a usted en primer lugar.

Simplemente descargarían un software, instalarían un bot y terminarían con él. En cambio, buscan asistentes virtuales con un cuerpo de experiencia especializado. En otras palabras, buscan confiar en su experiencia de vida.

Así es como los VA estadounidenses más antiguos superan a la competencia. No puede competir contra asistentes virtuales más jóvenes diciendo: "Bueno, puedo investigar, puedo buscar cosas en Google y puedo completar formularios".

Bueno, déjame decirte que todo el mundo puede hacer eso. De hecho, ni siquiera tienen que estar en Estados Unidos para hacer eso. Alguien con un dominio decente del idioma inglés, ya sea en Filipinas, India o Bangladesh, puede hacerlo.

El problema es que si eso es lo mejor que puedes ofrecer, tendrás que trabajar por los cacahuetes. Algunas VA cobran muy poco dinero. Estamos hablando de menos de $ 5 por hora. Eso es asombroso en lugares como Filipinas e India, pero completamente inaceptable en los Estados Unidos, donde los alquileres mensuales en ciertas áreas superan los $ 5,000.

Tienes que ofrecer servicios altamente especializados.

Hacer una auditoría de habilidades

¿En qué eres experto? ¿Puedes programar? ¿Puedes codificar? ¿Tiene antecedentes médicos? ¿Tiene experiencia legal? ¿Qué tipo de conocimiento especializado tienes? Cuanto más especializado sea, más dinero podrá obtener por horas. Ese es el nombre del juego.

Para obtener una comprensión clara de las diferentes formas en que las personas mayores pueden usar Internet para ganar dinero mediante el marketing en línea, haga clic aquí. Esta guía le permite configurar un negocio en línea viable y le enseña cómo maximizar la visibilidad de su negocio.

Simplemente poner un negocio no va a ser suficiente. La simple creación de un sitio web no va a poner dólares en su bolsillo automáticamente. Hay que saber comercializar. Haga clic aquí para obtener la única guía que las personas mayores necesitan para tener éxito al ganar dinero en línea.

El plan de 2 pasos de cada bloguero de la tercera edad para el éxito de los blogs

Paso # 1: Encuentra el nicho correcto

Un nicho es una categoría temática. Por ejemplo, puede escribir un blog sobre mesas de café y ese es un nicho porque las personas que buscan comprar mesas de café irían a su blog. Si quieres escribir en un blog sobre cómo ligar chicas, ese es un nicho porque la gente está interesada en descubrir cómo conocer mujeres.

Un nicho realmente se trata de categorías de temas y dentro de esta categoría de temas, hay muchos subtemas diferentes. Entonces, cuando dices que quieres escribir en un blog sobre mesas de café, todo lo que se incluirá en tu blog tendrá algo que ver con las mesas de café.

Tal vez se trate de diseño, tal vez se trate de cómo la gente puede usar una mesa de café, y así sucesivamente. Ahora bien, el hecho de que esté interesado en un tema no significa que vaya a generar ingresos. Este es el punto central que debes dominar cuando intentas escribir un blog por dinero en efectivo.

Tienes que elegir el nicho correcto. ¿Cómo lo sabes? Bueno, primero, necesitas encontrar algo que te interese personalmente. No te equivoques, si no tienes pasión por algo sobre lo que estás escribiendo, eventualmente te enamorarás y siempre será sobre el dinero.

Desafortunadamente, el amor por el dinero solo puede llevarte tan lejos. Tienes que tener una conexión emocional. Tiene que haber pasión ahí. Entonces, lo primero que debe hacer es enumerar todos los temas que le apasionan tanto que hablaría de ellos de forma totalmente gratuita.

A continuación, filtre su lista de temas en función de cuánto van a pagar los anunciantes por ellos. Puede encontrar fácilmente cuánto van a pagar los anunciantes para anunciar contenido centrado en esos temas. Puede encontrar fácilmente el valor comercial de los nichos utilizando la herramienta de planificación de palabras clave de Google adwords.

Escriba su tema y escupirá algunas palabras clave. Y cuando observe el valor en dólares de esas palabras clave, obtendrá una idea aproximada de cuánto pagarán los anunciantes por clic en los anuncios conectados a esas palabras clave.

Obviamente, debe eliminar las palabras clave de bajo valor y también debe eliminar las palabras clave de muy alto valor. La razón por la que debe eliminar las palabras clave que ganan $ 50 por clic es que el tráfico se filtra muy bien y realmente no hay mucha demanda por ellas.

El alto valor en dólares es definitivamente emocionante, pero seamos realistas. Probablemente no gane tanto dinero con esos temas a menos que sea un experto en ellos.

El siguiente paso es filtrar su lista según el volumen de búsqueda mensual promedio. En otras palabras, tiene que haber suficiente demanda para estos temas. Si te gusta tejer cestas bajo el agua, por ejemplo. Puede ser una gran pasión personal tuya, pero si solo 2 personas buscan esa información cada mes, no vas a ganar dinero con tu blog. Esa es la conclusión.

Entonces, tiene que haber un volumen saludable. Ahora, aquí está la cuestión. Debe eliminar las palabras clave de bajo volumen, pero también debe eliminar las palabras clave de muy alto volumen. ¿Por qué? Lo más probable es que todos en este perro escriban en blogs sobre esos temas populares y tú tengas demasiada competencia.

Finalmente, debe ingresar las palabras clave restantes en el cuadro de búsqueda de Google. Cuando haga esto, Google le dirá cuántos sitios web se dirigen a esa palabra clave. Esto le da una idea sobre el nivel de competencia general del tema potencial de su blog. Una vez que haya pasado por esto, tendrá una buena idea de en qué nicho enfocarse.

Paso # 2: ingeniería inversa de sus competidores

Tengo buenas noticias para ti. Si es una persona de la tercera edad, probablemente no tenga el tiempo o la paciencia para intentar inventar algo nuevo o revolucionario. Solo quieres ganar dinero. Te entiendo. Entiendo de dónde vienes y por eso tengo una solución rápida y fácil para ti.

Escriba sus palabras clave en Google para encontrar sitios de alto rango en su nicho. Una vez que encuentre estos sitios web, realice ingeniería inversa. ¡Así es! No es necesario reinventar la rueda. Simplemente copie a los mejores jugadores en su nicho.

Averigüe sobre qué bloguean, averigüe su formato, averigüe cómo ganan dinero con su blog. En otras palabras, ¿qué tipo de anuncios muestran? Una vez que haya descubierto esto, copie los temas, el formato, el diseño y las opciones de anuncios más comunes.

Paso # 3: crea tu propia marca

Una vez que haya creado un sitio web que realice ingeniería inversa de las estrategias de contenido existentes sin copiar el contenido real, el siguiente paso es hacer que su propia marca se destaque. Usted gana dinero al escuchar a los visitantes de su blog.

Cree encuestas, realice sondeos, pídales activamente comentarios. Una vez que te den esta información, puedes crear tu blog para que tenga una identidad única. Si desea hacer blogs con dinero real, haga clic aquí para obtener una guía completa sobre cómo las personas mayores pueden usar Internet para ganar dinero real.

No solo es posible, sino que es probable con el plan y la estrategia correctos.

Muchas empresas estadounidenses y europeas están recurriendo a Internet para encontrar mano de obra especializada. No es que no puedan encontrar esta mano de obra localmente. El problema es que cuando contratan localmente, en realidad muerden más de lo que pueden masticar.

No solo tiene que pagarle a una persona un ingreso a tiempo completo, sino que también debe pagar todo tipo de costos legales. Por supuesto, estamos hablando de atención médica, seguros y otros costos adicionales. Todos estos costos se acumulan y no es de extrañar que cada vez más empleadores en los Estados Unidos, ya sean nuevas empresas o empresas establecidas desde hace mucho tiempo, estén recurriendo a Internet para encontrar trabajadores independientes.

Lo bueno de los autónomos es que les pagas una tarifa fija negociada y una vez finalizado el proyecto, dejan de trabajar por ti. Es rápido, fácil y no hay que lidiar con líos administrativos o de contabilidad. Ese no es el caso de un empleado real en su negocio físico.

Además, existen muchos tipos diferentes de autónomos. El principal punto de distinción son sus conjuntos de habilidades y niveles de habilidad.

Las personas mayores pueden ganar mucho dinero como autónomos en línea

Si eres una persona de la tercera edad y buscas ganar dinero con Internet, puedes ser autónomo. Todo se reduce a cómo lo haces. Si desea ser un profesional independiente que ofrezca servicios que la mayoría de las personas que pueden hablar inglés pueden ofrecer, puede volverse deprimente muy rápido.

Si solo desea completar formularios o si desea ser una especie de asistente virtual general, puede convertirse fácilmente en una carrera hacia el fondo. Por favor, comprenda que estas tareas pueden ser realizadas por una gran población de personas y pueden realizarse en cualquier parte del planeta.

En consecuencia, las personas de Filipinas, India y países en desarrollo cobran menos de $ 5 por hora por ese tipo de trabajo independiente. Si vives en Estados Unidos, no puedes competir. Debe cobrar al menos $ 25 o al menos $ 50 por hora.

Entonces, la clave aquí no es el precio. Si intenta competir en función del precio, perderá una y otra vez. Ni siquiera empieces. Eso no es para empezar.

Cómo competir online como autónomo

La clave del éxito es la especialización en habilidades. Cuanto más especializada sea la habilidad y más valiosa sea la habilidad, más dinero podrá ganar. ¿Tiene experiencia legal? Puede escribir artículos legales.

Los artículos normales que se utilizan para la optimización de motores de búsqueda alcanzan un precio tan bajo como $ 5 o menos por cada 1000 palabras. Los artículos legales escritos por personas con antecedentes legales reales cuestan $ 100 o menos por cada 1000 palabras. ¿Qué prefieres escribir? ¿Qué tarifa compensa mejor su tiempo? Es una obviedad.

Lo mismo se aplica a la información médica. Si es enfermero y sabe escribir, puede cobrar una prima pre-significativa por la información médica. Existe una gran demanda de estos materiales. Pero debes tener las habilidades adecuadas.

Cuanto más especializadas sean sus habilidades, más dinero podrá ganar. Ese es el resultado final cuando se trata de trabajo independiente en línea. Esto se aplica a los gráficos, esto se aplica a la escritura, esto se aplica al marketing y esto se aplica a la investigación. Por lo tanto, debe tener las habilidades adecuadas.

Lo mejor de Internet es que incluso si no tienes las habilidades, puedes aprenderlas fácilmente. ¿Cómo? Puedes ir a Udemy o incluso a YouTube. Hay todo tipo de programas de coaching gratuitos o programas de coaching de bajo costo.

Puede obtener la información que necesita a través de los cursos adecuados para que pueda obtener las habilidades por las que la gente está dispuesta a pagar el máximo precio. También puede inscribirse en una universidad en línea. Puede obtener un título de abogado en línea o incluso un MBA en línea. Todo depende de usted.

Para obtener información privilegiada sobre cómo tener éxito con los ingresos de los autónomos en línea y comercializarlos de la manera correcta, haga clic aquí. Esta es la única guía que la mayoría de las personas mayores necesitarían para convertir su tiempo libre en efectivo usando Internet.

No se equivoque, gracias a Internet, puede obtener bastante ingresos en línea. Solo tiene que tener el plan, el método y la estrategia correctos.

Por lo general, cuando pensamos en tutoría, pensamos en personas en una universidad o escuela secundaria real. Pensamos en edificios físicos, burocracias y algún tipo de cadena de mando. Esta es una tutoría burocrática, estructural y formal.

Pero, ¿sabías que gracias a Internet, personas de todo el mundo pueden acudir a ti para obtener ayuda de tutoría experta? ¡Así es! Puede convertir su conexión de Skype o el acceso a Google Hangouts en dólares estadounidenses. Bienvenido al mundo de la tutoría en línea.

Sin embargo, al igual que con cualquier otro tipo de programa de desarrollo de habilidades, todo depende de cuán especializado sea el contenido. A pesar de que va a ayudar a las personas de forma individualizada utilizando una cámara web, el valor de la experiencia de tutoría sigue dependiendo del contenido que se intercambia.

Estás compartiendo tu experiencia. Le estás enseñando a alguien cómo hacer ciertas cosas. Estás compartiendo información clave con otra persona a través de Internet. Pero a lo largo de todo esto, la cantidad de dinero que están dispuestos a pagar depende del valor percibido de la información.

Se trata de la ley de la oferta y la demanda.

Al igual que con cualquier otra cosa, si está ofreciendo algo que cualquiera puede ofrecer básicamente, entonces se trata de un negocio de productos básicos. En otras palabras, lo que tienes para ofrecer no es tan diferente de lo que alguien más tiene para ofrecer.

Es como si hubieras visto uno, prácticamente los has visto todos. Entonces, en ese caso, el único punto de diferencia es realmente el precio. Este es un problema serio porque si vas a ofrecer servicios de tutoría y la única gente que está interesada es el precio, fácilmente será una carrera hacia el fondo.

La gente ofrecerá tarifas cada vez más económicas y, antes de que se dé cuenta, estará ganando menos del salario mínimo. Estoy seguro de que, como jubilado, está buscando algo más lucrativo. Estoy seguro de que está buscando maximizar el valor del tiempo libre que desee invertir en este tipo de empresa.

Por eso es realmente importante concentrarse en la clave más crucial para el éxito en la tutoría en línea.

Su clave del éxito: especialización de marca

No me refiero solo a la especialización. Sería fantástico si fuera un abogado y estuviera ayudando a los estudiantes de derecho a comprender rápidamente los conceptos legales básicos. Sería genial si fuera médico y estuviera ayudando a las personas a ingresar a la escuela de medicina, además de ayudarlas en su primer año en ese sistema.

Pero fuera de eso, también debes desarrollar una marca. Puede pensar que la información que comparte ya es especializada. Después de todo, obtuviste un MBA, obtuviste un doctorado o pasaste por algún tipo de programa de capacitación especializada. Gran grito.

Recuerde, en los Estados Unidos hay cientos de miles de médicos. Hay más de un millón de abogados. En muchos países en desarrollo, hay millones de abogados y médicos. Muchos de ellos pueden hablar inglés.

Tienes que mirar más allá del conocimiento especializado que tienes. Quizás sea ingeniería. Quizás sea programación de computadoras. Tal vez sea una especie de biología celular molecular. Tienes que mirar más allá de ese cuerpo especializado de conocimientos y centrarte también en la marca.

Aquí es donde entra en juego el marketing online. Cuando las personas ven que tienes una marca específica asociada con una forma especializada de conocimiento, empiezan a preferirte. Quizás piensen que explicas mejor los conceptos. Quizás piensen que eres más accesible. Tal vez piensen que eres más competente que los demás.

Cualquiera que sea su percepción, en el mundo del marketing online, la percepción es la realidad. Entonces, cuando se promocione, busque crear una marca personal y esto le permitirá a su negocio de tutoría en línea cobrar más dinero por cada hora de servicio realizado.

Esto le permitirá alcanzar el santo grial de cualquier tipo de trabajo independiente. ¿Qué es el santo grial? Para obtener la mayor cantidad de dinero con la menor cantidad de trabajo. Esa es la conclusión.

En otras palabras, si va a pasar una hora haciendo cierto tipo de trabajo, es mejor que insista en cobrar la mayor cantidad posible de dinero por esa unidad de tiempo. Así es como sabe que tiene un exitoso negocio de tutorías en línea.

Desafortunadamente, si su conjunto de habilidades se centra en cosas que son bastante genéricas como las matemáticas, no se sorprenda si gana $ 5 o menos por hora. Ya es bastante malo que ofrezca servicios de tutoría que pueden ofrecer personas que podrían hablar inglés en todo el mundo, pero su falta de una marca empeora las cosas.

Entonces tienes que matar 2 pájaros de 1 tiro. Tienes que ofrecer un cuerpo de conocimiento especializado que es bastante raro y tienes que crear una marca para ti. De esta manera, la gente te buscaría y te pagaría mucho dinero. Para descubrir cómo funciona esto y cómo liberar el poder del marketing en línea para que pueda construir un negocio exitoso de tutoría en línea, haga clic aquí.

Obtendrá un plano que lo ayudará a configurar un programa de marketing en línea exitoso. Convierta su tiempo libre en dólares extra.

¿Sabías que la gente está dispuesta a pagarte mucho dinero por tus conocimientos? Sé que parece tan difícil de creer, pero la industria de la consultoría en línea vale miles de millones de dólares y continúa creciendo año tras año. La verdad es que las empresas comienzan en todo el mundo y buscan conocimientos expertos. El problema es que muchos de estos materiales no se pueden encontrar en línea por diversas razones.

Además, las personas buscan consultores reales con los que puedan comunicarse y hablar uno a uno. Sienten que pueden captar fácilmente el cerebro de alguien con quien están hablando, de modo que la información que obtienen se adapta perfectamente a los problemas que puedan tener. En otras palabras, no es muy diferente de contratar a alguien para que visite su lugar de trabajo para que pueda guiarlo a través de ciertos problemas con los que está luchando.

La única diferencia aquí es que lo haces a través de Skype, Hangouts de Google y algún tipo de plataforma en línea como Whatsapp. En el otro extremo de la ecuación, las personas mayores pueden ganar mucho dinero ofreciendo servicios de consultoría. Estas empresas pueden provenir de Europa Occidental, Canadá, Estados Unidos, Australia y Nueva Zelanda y todos los puntos intermedios.

El secreto para ganar dinero con la consultoría en línea se reduce a 2 factores clave:

Factor # 1

Especialización en habilidades

Lamento ser yo quien te diga esto, pero si la mayoría de la gente en este planeta posee tu habilidad, probablemente no vas a ganar mucho dinero como consultor en línea. En serio, si tu habilidad es buscar cosas en Google, cualquiera puede hacerlo. Si su habilidad es escribir en inglés, lamento informar, pero hay muchos lugares en el mundo como Filipinas, Nigeria, Kenia, Bangladesh, India, donde hay millones de personas, literalmente millones de personas que hablan inglés como su segundo idioma.

En consecuencia, hay una carrera hacia el fondo en lo que respecta a esos conjuntos de habilidades. Si quiere triunfar en el mundo de la consultoría online, tiene que ofrecer conjuntos de habilidades realmente especializados. Me refiero a programación especializada, conocimientos jurídicos, consultoría especializada, avalada por decenas de años de experiencia, derecho empresarial, tipo de investigación especializada o conocimientos médicos.

Cualquiera que sea el caso, tal vez, cuanto más especializado sea su conjunto de conocimientos, más dólares valdrá. Realmente todo se reduce a la ley de hierro de la economía. Se trata de oferta y demanda: cuanto mayor es la oferta, menor es la demanda, menor es el precio. Por otro lado, si cambia el guión y la oferta es muy escasa y limitada, pero la demanda es loca, entonces el precio sube astronómicamente. Eso nunca va a cambiar ni va a desaparecer. Entonces, hágase un gran favor, si desea ingresar al lucrativo mundo de la consultoría en línea, elija el conjunto de habilidades adecuado.

La buena noticia es que Internet tiene muchos recursos en los que puede adquirir el conjunto de habilidades. Si desea aprender a codificar, puede ir a Code Academy. Si desea aprender a realizar cierto tipo de consultoría, puede ir a udemy.com.

Factor # 2

Marca

No sé ustedes, pero la primera vez que utilicé los servicios legales, un amigo me remitió a un abogado. Sin embargo, resulta que el tipo no sabía realmente lo que estaba haciendo. Así que me sentí bastante frustrado con los servicios legales y dejé de lado a los abogados durante mucho tiempo. Bueno, finalmente, fui a un seminario y vi que había estos abogados que seguían hablando de este abogado, que básicamente estaba revolucionando un segmento particular de la industria legal. Esta persona tenía una reputación tremenda. Entonces, cuando enfrenté algunos problemas legales, supe con quién hablar y, ¿adivinen qué? Él entregó. De hecho, entregó demasiado.

La razón por la que les mencioné esta historia es porque destaca el poder de la marca. Las reputaciones no surgen de la nada. Las personas solo desarrollarán una reputación en una industria en particular porque saben lo que están haciendo. Son capaces de hacer las cosas correctas en el momento correcto con las personas adecuadas para producir el resultado correcto. Esa es una enorme cantidad de competencia y no solo estamos hablando de poder hacer el trabajo, sino que son capaces de hacer el trabajo de manera consistente.

Y esta es la razón por la que, si desea ganar mucho dinero como consultor en línea, debe desarrollar ese tipo de reputación. La buena noticia es que en realidad es más fácil de lo que te imaginas simplemente escribiendo muchos artículos, siendo invitado a hablar en simposios, convenciones y eventos de networking. Puedes hacer que tus marcas de consultoría personal se destaquen.

No se equivoque, incluso si solo puede distinguir un poco su marca de la competencia, eso puede significar mucho. Puede justificar cobrar $ 200 por hora en lugar de quedarse con el estándar de la industria de $ 25 por hora o menos.

Para obtener el esquema interno sobre cómo tener éxito en el mundo a menudo competitivo de los servicios de consultoría en línea, haga clic aquí. Descargará la única guía que las personas mayores necesitan para comercializar su negocio en línea, de modo que puedan obtener ingresos sustanciales de Internet.

Existe un error común en Internet con respecto al diseño gráfico. La idea es que, dado que las personas de países con salarios bajos pueden producir gráficos de alta calidad, el diseñador gráfico estadounidense o el diseñador gráfico de Europa occidental básicamente no tienen suerte. La idea es que estas habilidades son de alguna manera mercancías. El supuesto es solo porque alguien puede hacer un tipo de trabajo en particular en un país de bajos salarios, esto significa que el valor de este tipo de trabajo en un país desarrollado como Estados Unidos necesariamente tiene que bajar.

Puedo ver por qué la gente piensa de esta manera. Piensan que se trata de un simple caso de compra de productos básicos. Bueno, desafortunadamente, hay una gran diferencia entre comprar maíz o arroz en un mercado y comprar diseño gráfico. Verá, puede hablar con 2 diseñadores gráficos diferentes y decirles que creen un gráfico vectorial de una taza de café.

Déjame decirte, el producto de trabajo resultante puede ser diferente como el día y la noche. Todo se reduce a la creatividad, la experiencia y sí, la conciencia cultural. Verá, los estadounidenses tienen una idea preconcebida cultural con respecto al diseño gráfico al igual que los filipinos, los indios, los canadienses, la gente de Nueva Zelanda, la gente de Hong Kong. Tu dilo. Y mucha gente que dice que un diseño gráfico es una mercancía no tiene ni idea de esto.

Por eso pasaron por alto el hecho de que todavía hay diseñadores gráficos en Canadá que ganan más de cien mil dólares al año. Todavía hay diseñadores gráficos para personas de la tercera edad en los Estados Unidos que hacen 6 figuras.

Todo esto está sucediendo a pesar del hecho de que existe la idea errónea de que, de alguna manera, el diseño gráfico es una especie de callejón sin salida. Vocación. No lo es. Todo se reduce a la sensibilidad cultural, la experiencia y sí, la creatividad personal. No cometer errores. El hecho de que alguien sea diseñador gráfico no significa que esa persona producirá el tipo de gráficos que estás buscando. Si son pésimos, si no tienen imaginación, no tienen pasión por lo que están haciendo, puede apostar que su producción será decepcionante. Por otro lado, si sabes que alguien realmente sabe lo que hace y tiene un rastreador para producir gráficos realmente hermosos que son atractivos y resistirán la prueba del tiempo, siempre habrá demanda para su trabajo. En este caso, existe la inelasticidad. Este es un concepto económico que dice que la demanda de un determinado artículo no depende realmente del precio. Activa la competencia. Activa intangibles.

Marca del factor n. ° 2

Si establece una reputación para usted mismo, como diseñador gráfico que es capaz de crear algo nuevo o algo que realmente da en el clavo cada vez que produce, su reputación tarde o temprano le precederá.

En otras palabras, la gente pagará una prima solo por sus gráficos. Esta es la razón por la que es una buena idea para las personas mayores que buscan subcontratar el diseño de gráficos para pensar en estos 2 factores. No permita que los conceptos erróneos comunes sobre los servicios de diseño gráfico en línea lo asusten.

No tiene que deprimirse automáticamente y concluir que su conjunto de habilidades es esencialmente inútil o que simplemente desperdició años de su vida convirtiéndose en un diseñador gráfico de primer nivel. Todo se reduce a construir una marca. Todo se reduce al marketing. Todo se reduce a poner su marca frente a los ojos correctos en el momento adecuado para producir el tipo correcto de contratos. En otras palabras, se trata de visibilidad y no solo de competencia técnica o de tener las habilidades adecuadas.

Para obtener información sobre cómo comercializar su marca de diseño gráfico específica para que pueda obtener una prima, haga clic aquí. Las personas mayores pueden ganarse la vida y lo hacen bien con el trabajo de diseño gráfico en línea. Sin embargo, para que esto suceda, deben tener un sistema y un plan. Tienes que poder hacerlo de forma sistemática y metódica.

¿Sabías que puedes vender servicios físicos en Internet y ganar mucho dinero? Puede hacer esto como propietario de un negocio. No tiene que hacer los servicios usted mismo a menos que, por supuesto, tenga el tiempo y esté lo suficientemente sano como para proporcionar estos servicios directamente. Ya sea tejiendo, jardinería, pintura o cualquier tipo de servicio en la casa, puede ganar dinero con ello.

El problema de los servicios físicos

Uno de los mayores problemas de ofrecer servicios físicos en cualquier parte de los Estados Unidos es que muchos actores locales son simplemente invisibles. Ahora, en los grandes centros municipales como San Francisco y Los Ángeles, hay muchos anuncios en línea para estos servicios. Pero si vas a los suburbios o mejor aún al campo, estos servicios son pocos y distantes entre sí y los que logran publicitar no son tan distintivos. Realmente no te atacan. Realmente no comunican su propuesta de valor en términos claros y distintos. Esto es realmente una lástima porque está dejando mucho dinero sobre la mesa.

Sabiendo esto, las personas mayores pueden ganar mucho dinero ofreciendo jardinería y pintura y otros servicios relacionados con el hogar, como un agregador de servicios. ¿Qué significa eso?

Básicamente, crea una agencia en línea donde recopila clientes potenciales de una región en particular o un área específica y luego distribuye el trabajo a proveedores de servicios físicos reales. Puede publicar anuncios en Facebook u otras plataformas de redes sociales para servicios de jardinería. Puede hacer correr la voz sobre los servicios de plomería locales y obtener clientes potenciales de esa manera. Independientemente de la categoría de servicio que le interese, puede poseer fácilmente esa vertical, si conoce el camino del marketing online.

La mejor parte de todo esto es que, al ser un intermediario, podrá conectar proveedores con compradores y ganar una prima cada vez. Esto puede traducirse en varios cientos de miles de dólares cada año. Y todo se reduce a tener el sitio web correcto, tener el plan de marketing correcto y también ser sistemático y metódico.

Lo peor que puede hacer es simplemente saltar con ambos pies y poner un sitio web y de alguna manera pensar que la gente se abriría camino hacia su sitio web. No funciona de esa manera. No es así de fácil.

Verá que hay toneladas de sitios web que intentan hacer lo que está tratando de lograr y la mayoría de ellos están fallando. De hecho, la mayoría de ellos son casi invisibles porque simplemente están haciendo un mal trabajo comercializando lo que sea que estén promocionando. Debe abordar esta situación con el plan correcto desde el principio, de lo contrario, solo está perdiendo el tiempo.

Si es una persona de la tercera edad que busca convertir su tiempo libre en dinero en efectivo, ser un corredor de servicios es una de las formas más efectivas de hacerlo. Debe comprender que, independientemente de dónde viva en los Estados Unidos, Canadá o en cualquier otro lugar, la gente seguirá necesitando jardineros.

La gente todavía va a tener árboles en sus patios traseros que necesitan podarse. Todavía van a tener problemas de plomería. Todavía van a tener problemas con los techos de vez en cuando. Y estos servicios físicos pueden generar miles de dólares por visita de servicio. Seguro que es físico, seguro que son servicios manuales, pero quién puede encontrar proveedores básicos para estos. La clave es pararse en el medio para que pueda hacer un banco de conectar la demanda con la oferta.

Para hacerlo bien el día 1, haga clic aquí. Descargará un marco que le permitirá comercializar eficazmente en Internet. Es nuestra guía para personas mayores para ganar dinero en línea que le informa sobre todas las diferentes formas en que las personas mayores pueden ganar dinero en Internet. También le brinda consejos básicos sobre cómo promover su negocio para que pueda convertir su tiempo libre en dinero extra.

No voy a andar con rodeos aquí. Es muy fácil perder dinero en Internet. Es posible que se esté pensando: "¿Cómo estoy perdiendo dinero? Acabo de publicar un blog y no perdí dinero en hacerlo. Simplemente me senté y escribí artículo tras artículo y por alguna razón las cosas no funcionaron, pero al menos no me he quedado sin efectivo. No estoy fuera de mi bolsillo, entonces, ¿cómo es posible que pierda dinero con mi negocio de blogs fallido? "

Bueno, piénsalo de esta manera. No puedes estar en dos lugares a la vez. Esto significa que cuando eliges una actividad y no ganas dinero con ella, básicamente pierdes la oportunidad de elegir otra actividad que genere más dinero. ¿Ves cómo funciona esto?

Esto se denomina costo de oportunidad y, desafortunadamente, es la forma más común en la que las personas pierden dinero en línea. Simplemente eligen la empresa equivocada en la que invertir su tiempo, esfuerzo y concentración. Esto es realmente una tragedia porque muchas personas mayores tienen mucho que ofrecer. Tienen una gran experiencia, tienen muchos conocimientos especializados, definitivamente quieren ayudar a otras personas; pero el problema es que terminan ladrando al árbol equivocado. Por alguna razón, terminan estableciendo un negocio equivocado y fracasaron. Para evitar esta tragedia, quiero que observe una forma particularmente poderosa de ganar dinero en línea.

Comprar barato y vender caro: cambiar negocios online

¿Alguna vez has visto esos programas caseros por cable? Hay muchas personas en los Estados Unidos que compran casas deterioradas, las renuevan y las venden por cientos de miles de dólares en ganancias. Estos se llaman aletas. Dependiendo del estado inicial de la vivienda que necesita reforma; pueden soportar ganar bastante dinero. Este es un negocio muy lucrativo. Por supuesto, la desventaja de invertir es que tienes que tener mucho dinero en efectivo. Debes entender que en los Estados Unidos tienes que poner el 20% del valor de la casa para obtener el banco para que te preste el resto. Así es como se compran la mayoría de las casas en los Estados Unidos. En consecuencia, voltear es un negocio intensivo en capital.

¿Sabía que puede hacer lo mismo en línea sin gastar tanto dinero en efectivo? A esto se le llama cambio de negocio en línea. Hay muchos blogs que ya están ganando dinero. Quizás estén ganando cien dólares al mes. Tal vez estén ganando quinientos o incluso varios miles de dólares. Por las razones que sean, sus dueños las están vendiendo. Ahora con mucho menos efectivo que comprando una casa física, puedes comprar estos negocios online, renovarlos y hacer algunos cambios estratégicos para aumentar su efectividad. Una vez que los haya puesto en forma, puede venderlos con una gran ganancia.

Hablando personalmente, he visto a flippers comprar un sitio web que ganaba $ 10 al mes por 500 dólares y luego convertirlo en un sitio web que genera $ 500 o incluso miles de dólares al mes y venderlo por $ 25,000. En otras palabras, obtiene los beneficios masivos de cambiar de casa sin los gigantescos costos de capital iniciales. ¿Estás emocionado todavía? Usted debería ser. Este es un negocio muy lucrativo.

El secreto de este juego es desarrollar la capacidad de elegir las propiedades adecuadas para comprar. Pase la línea de fondo. Porque hay muchos constructores profesionales por ahí. Estas personas simplemente crean un sitio web tras otro. Simplemente están creando todos estos sitios web como si fueran sus productos básicos. Necesitas evitar a esas personas. Esas personas pedirán un dólar superior por adelantado. Y muchas veces configuran sus sitios web de una manera tan endeble que en realidad tienes que invertir muchos recursos para que ese sitio web genere dinero real. El mejor enfoque es buscar sitios web que no se anuncien en sitios que cambian. Estos son sitios web que sus propietarios no están vendiendo activamente, pero se puede decir que estos sitios web están fracasando. El contenido no se actualiza. Cuando miras sus backlinks SEO, no están recibiendo mucha tracción del resto de Internet. Cuando miras su clasificación de tráfico en Alexa, están luchando.

Acérquese a estas empresas y ofrezca un precio justo por el sitio web. Por lo general, en muchos casos, $ 500 deberían ser suficientes. Verá que muchos de estos sitios web apenas se mantienen vivos. Es como si el propietario se aferrara a ellos por razones puramente emocionales, pero esas razones se debilitan cada vez más cada vez que tienen que pagar los costos de alojamiento y las tarifas de renovación de dominio.

Si viene y pide comprar un sitio web por $ 500 dólares, se sorprenderá de la calidad del sitio que está obteniendo. Todo es orgánico, la persona no usó software para construir el sitio y generar vínculos de retroceso. Todo lo que necesita hacer es emplear SEO básico, marketing en redes sociales para construir su base de tráfico. Tal vez pueda cambiar su producto afiliado para que pueda ganar más dinero con sus anuncios.

Independientemente de lo que necesite hacer, hágalo para aumentar la eficacia y el valor de conversión de ese sitio web. Después de que esté generando mucho más que sus ingresos mensuales normales, véndalo a través de foros de marketing de afiliados. Esta es la clave. No se lo venda a intercambiadores profesionales como Flippa. Te van a comer vivo porque muchas de esas personas son compradores profesionales. Saben cómo rebajar a sus vendedores. En su lugar, véndalo a través de plataformas de marketing de afiliados donde las personas que realmente ganan dinero se juntan. Le sorprendería y le complacería descubrir que un sitio web que compró por $ 500 puede cambiarse por $ 50, $ 20 o incluso $ 25,000. Así de lucrativo puede ser.

Para obtener información sobre cómo el marketing online puede ayudar a las personas mayores a convertir su tiempo libre en dinero en efectivo, haga clic aquí. El marco que obtendrá le permitirá vender prácticamente cualquier cosa en línea. También lo guía a través del proceso de construcción de negocios en línea exitosos.

El fraude de personas mayores es un problema grave en los Estados Unidos. Hay muchos delincuentes que habitualmente apuntan a las personas mayores para todo tipo de fraudes financieros, estafas y estafas. No estoy hablando necesariamente de estafas de acciones, aunque son bastante frecuentes y generalizadas. Estoy hablando de algo bastante banal como revestimientos de aluminio, reparaciones en el hogar y otras estafas basadas en servicios.

Estos estafadores apuntarían consciente e intencionalmente a las personas mayores porque tienen la impresión de que este segmento de nuestra población es más crédulo y más fácil de engañar. Por la razón que sea, el fraude de personas mayores resulta en la pérdida de miles de millones de dólares cada año. Es un problema grave.

Me gustaría poder decirle que este problema se limita principalmente a las estafas fuera de línea. Me gustaría poder decirles que esto es solo una simple cuestión de stock en la sala de calderas, un fraude o representantes de servicio puerta a puerta que engañan y engañan a las personas mayores mientras hacen sus presentaciones.
En cambio, muchas de estas estafas operan en línea. Hay muchas estafas por correo electrónico. Estoy seguro de que está familiarizado con las estafas de impresiones nigerianas o el desbloqueo de una cuenta bancaria secreta tipo de estafas por correo electrónico. Pero además de esos, también hay estafas que implican enseñar a las personas mayores a ganar dinero a través de programas de trabajo desde casa. Si no sabes qué buscar, es muy fácil que te engañen. A primera vista, muchos de estos parecen bastante legítimos. Tienen un testimonio. Enumeran cómo funciona el proceso. Incluso tienen videos que explican cómo se desarrolla todo y parece que estos programas de trabajo desde el hogar son realmente reales. Bueno, resulta que estas estafas tienen ciertas cosas en común. Si detecta alguno de estos, es probable que esté viendo algo que es demasiado bueno para ser verdad.

Característica # 1

Afirman pagarte una cantidad ridícula de dinero por el trabajo que cualquiera podría hacer

Si encuentra un anuncio que dice que le pagarán $ 200 por rellenar sobres, sabrá que existe una probabilidad casi segura de que esté viendo un anuncio fraudulento. Quiero decir, piénsalo, cualquiera puede llenar un sobre. No necesita decreto anticipado. Ni siquiera se necesita un diploma de escuela secundaria. Entonces, ¿cuál es el truco? Este es un indicio de muerte. Si enmarcaron la oportunidad de trabajar desde casa en términos de algo que cualquiera puede hacer, desconfíe.

Factor # 2

Tienes que pagar por la formación

Una de las estafas más antiguas implica algún tipo de programa de formación. Te dicen que puedes ganar dinero fácilmente en Internet y que es muy rápido y fácil, pero tienes que gastar 75 dólares en un libro para obtener la formación adecuada. Esa es una estafa clásica. Porque si esto es fácil, ¿por qué no solo una publicación de blog? ¿Por qué no solo un sitio gráfico en línea con anuncios en el sitio? En otras palabras, dé la información. ¿Por qué la gente tiene que comprar un libro?

Factor # 3

Intentan que te registres en una lista

Este es uno de los trabajos en línea más comunes de las estafas domiciliarias. Básicamente, te engañan para que pienses que te darán la información que necesitas para trabajar desde casa por mucho dinero. Dicen que es gratis, pero el problema es que debes unirte a la lista de correo. Efectivamente, si te unes a la lista de correo y luego descargas el libro, es lo más decepcionante que hayas leído. Habla un buen juego, promete demasiado, pero al final te decepciona.

Desafortunadamente, olvidó que se registró en la lista de correo para acceder a este producto sin valor. ¿Qué crees que pase después? ¡Así es! Después de unas semanas, recibiste un correo electrónico con algún tipo de estafa y lo ignoras y luego, antes de que te des cuenta, después de que pase otra semana, recibes otro correo electrónico. Básicamente, se registró en una lista de correo de marketing de afiliados y créame, recibirá correo electrónico tras correo electrónico hasta que cancele la suscripción.

Así que hágase un gran favor, haga clic en el botón para darse de baja si eso no funciona, informe el correo electrónico a Gmail o la plataforma de correo electrónico. Si son muy abusivos, Gmail los prohibirá en su sistema. Esté atento a estas estafas, porque es muy fácil que las personas sean engañadas en línea. No es necesario ser un ciudadano mayor. Muchas de estas estafas están a cargo de organizaciones determinadas que no dudarían en recurrir a todo tipo de comportamiento coercitivo, abusivo y manipulador para separar a las personas del dinero que tanto les costó ganar.

Para aprender cómo construir negocios legítimos en línea para que pueda evitar estafas que suenan lucrativas, haga clic aquí. Descargará un plan que lo ayudará a construir, comercializar y mantener un negocio en línea sólido. Está escrito específicamente para personas mayores. Corta la pelusa. Es muy fácil de entender y se enfoca en construir negocios reales de los que las personas puedan beneficiarse.

Sobre el Autor

CX Cruz nació en Puerto Rico y ha vivido en el área de la ciudad de Nueva York desde que tenía 14 años. Tiene títulos de posgrado de la Universidad Estatal de Nueva York y la Universidad de Honolulu en Ciencias de la Computación. Ha trabajado para bancos de inversión europeos como UBS y para bancos estadounidenses como Goldman Sachs. Sus pasatiempos incluyen la silvicultura y el remo.

Cuando era un estudiante de posgrado muy joven, Cruz pensó en publicar libros. Era extremadamente difícil publicar un libro usando los métodos tradicionales hace 30 años. Él renunció a este sueño editorial en ese entonces. Afortunadamente, existen numerosas formas de convertirse en un autoeditor en la actualidad. Internet ha democratizado muchas empresas como la publicación de libros. Cruz puede ofrecerte un excelente contenido y un excelente precio. Nunca dejes de leer y aprender. ¡Cruz sabe que disfrutará leyendo sus libros!

Legal

El material de este libro se obtuvo de InDigitalWorks.com con Master Resale
Rights.

autor. La responsabilidad por daños, independientemente de la forma de la acción, no excederá la tarifa real pagada por el producto.